Alexandra Hanneforth

Lernwerkstatt Berufe

Fächerübergreifende Materialien für die 2.–4. Klasse

Alexandra Hanneforth ist Grundschullehrerin mit den Fächern Deutsch, Mathematik, Sachunterricht und Sport. Sie hat zahlreiche Unterrichtsmaterialien zu verschiedenen Fächern veröffentlicht. Außerdem erarbeitet sie Leserätsel, Bastel- und Spielideen für einen Kinderbuchverlag.

Wir verwenden in unseren Werken eine genderneutrale Sprache, damit sich alle gleichermaßen angesprochen fühlen. Wenn keine neutrale Formulierung möglich ist, nennen wir die weibliche und die männliche Form. In Fällen, in denen wir aufgrund einer besseren Lesbarkeit nur ein Geschlecht nennen können, achten wir darauf, den unterschiedlichen Geschlechtsidentitäten gleichermaßen gerecht zu werden.

In diesem Werk sind nach dem MarkenG geschützte Marken und sonstige Kennzeichen für eine bessere Lesbarkeit nicht besonders kenntlich gemacht. Es kann also aus dem Fehlen eines entsprechenden Hinweises nicht geschlossen werden, dass es sich um einen freien Warennamen handelt.

2. Auflage 2024

AAP Lehrerwelt GmbH
Veritaskai 3
21079 Hamburg
Telefon: +49 (0) 40325083-040
E-Mail: info@lehrerwelt.de
Geschäftsführung: Andrea Fischer, Sandra Saghbazarian
USt-ID: DE 173 77 61 42
Register: AG Hamburg HRB/126335

Autorschaft:	Alexandra Hanneforth
Covergestaltung:	TSA&B Werbeagentur GmbH, Hamburg
Illustrationen:	Alexandra Hanneforth
Satz:	Satzpunkt Ursula Ewert GmbH, Bayreuth
Druck und Bindung:	SDK Systemdruck Köln GmbH & Co. KG, Köln

ISBN/Bestellnummer: 978-3-403-20391-9
www.persen.de

Inhalt

Vorbemerkungen

„Ich will Feuerwehrmann werden!", „Mama, komm schnell, da ist die Müllabfuhr!", „Zu Karneval verkleide ich mich als Polizistin!", … – selbst kleinen Kindern ist das Thema „Berufe" schon sehr präsent und viele von ihnen entwickeln recht früh erste Ideen und Vorstellungen, was sie später einmal werden möchten.

Berufe begegnen ihnen in ihrem Alltag überall: bei ihren Eltern, dem Briefträger, in der Kita und in der Schule, beim Einkaufen, beim Gang zum Arzt und so weiter. Dabei sammeln sie unbewusst schon ganz viele Eindrücke und Vorerfahrungen.

Die vorliegende Lernwerkstatt möchte dieses Vorwissen aufgreifen und soll eine strukturierte und den eigenen Horizont erweiternde Auseinandersetzung mit dem Thema „Berufe" bieten.

Sie soll auf abwechslungsreiche und zum Teil spielerische Art und Weise Einblicke in die Berufswelt vermitteln und durch unterschiedliche Aufgabentypen in allen Unterrichtsfächern Zugang zum Thema ermöglichen.

So werden zum Beispiel im Deutschunterricht Interviews geführt, in Mathematik Lohntabellen untersucht, im Sachunterricht konkrete Arbeitsmöglichkeiten unter die Lupe genommen, in Religion biblische Berufe gesucht, in Musik ein Baustellen-Rap performt, in Kunst Handwerke erprobt und zu guter Letzt in Sport ein Besuch beim Physiotherapeuten nachempfunden.

Es wird gespielt, geschrieben, geknobelt, gebastelt, experimentiert und vieles mehr.

In dieser Lernwerkstatt geht es in erster Linie darum, die unendliche Jobvielfalt abzubilden. Viele Berufe werden kindgerecht vorgestellt und etwas intensiver beleuchtet, während andere nur am Rande eingebaut werden oder lediglich in Abbildungen auftauchen.

Ich wünsche Ihnen viel Spaß und einen erfolgreichen Unterricht.

Alexandra Hanneforth

Anmerkungen zur Werkstatt

Das vorliegende Materialangebot versteht sich als Fundgrube. Je nach eigenen Vorlieben und der Zusammensetzung bzw. den Interessen der Schüler[1] sollte eine „eigene“ Werkstatt zusammengestellt werden. Sie können dann eigene Schwerpunkte setzen und den Arbeitspass entsprechend ausfüllen. Im Idealfall beteiligen sich auch die Fachlehrer am Thema und wählen ein paar Angebote für ihren Unterricht aus.

Die Werkstattarbeit ermöglicht den Kindern aus einem bereitgestellten Angebot Aufgaben zu wählen bzw. den Zeitpunkt der Bearbeitung selbst zu bestimmen. Für den besseren Überblick erhält jedes Kind einen Arbeitspass, auf dem vermerkt wird, welche Aufgabe bereits bearbeitet und kontrolliert wurde.

In vielen Lerngruppen habe ich es für ratsam empfunden, einen Teil der Aufgaben als Pflichtaufgabe zu kennzeichnen, um ein gewisses Minimum und eine gemeinsame Basis für Reflexionsphasen zu erreichen.

Bei der Zusammenstellung der Werkstatt ist es mir immer wichtig, unterschiedliche Aufgabentypen zu wählen, möglichst abwechslungsreiche Sozialformen zuzulassen und neben rein kognitiven Anforderungen auch Spiele und Bastelangebote einzubauen. All das macht die Werkstattarbeit erfahrungsgemäß zu einer beliebten Unterrichtsform.

Für die Arbeitsergebnisse bieten sich Schnellhefter an, die – mit einem schön gestalteten Deckblatt versehen – später ein nettes Themenheft ergeben.

In einer Werkstatt sollen die Kinder weitestgehend selbstständig arbeiten. Das erreicht man auch durch das „Chefsystem“. Vorher eingeführte Kinder oder Schüler, die eine Aufgabe schon erfolgreich bearbeitet haben, werden dabei zu ersten Ansprechpartnern bei Verständnis- oder kleineren Problemen.

Für den reibungslosen Ablauf einer Werkstattarbeit müssen aber zunächst einige Regeln festgelegt und ggf. eingeübt werden. Hier ein paar Beispiele:

① Arbeite konzentriert und sorgfältig.

② Arbeite leise.

③ Lege benötigtes Material an seinen Platz zurück und hefte deine Arbeitsblätter in deiner Mappe ab.

④ Beende eine Aufgabe, bevor du eine neue wählst.

⑤ Kreuze im Werkstattpass an und kontrolliere.

Am Ende der Werkstatt können die Schüler dann ein Werkstattzeugnis erhalten, das ihnen eine direkte Rückmeldung über ihre Arbeitsergebnisse und ihr Arbeitsverhalten gibt.

Als Einstiege in die Werkstattarbeit bieten sich Gesprächskreise (z. B. über Berufswünsche, Vorraussetzungen für bestimmte Berufe, „Was muss man als Fliesenleger können?“, Berufe der Eltern etc.) oder auch gemeinsame Spiele (siehe Berufe-Quiz, Pantomime-Spiel, Wer bin

[1] Wir sprechen hier wegen der besseren Lesbarkeit von Schülern bzw. Lehrern in der verallgemeinernden Form. Selbstverständlich sind auch alle Schülerinnen und Lehrerinnen gemeint.

ich? usw.) an. Die Schule selbst bietet sich sehr dafür an, von den Kindern als Ort für Interviews genutzt zu werden: Was üben die Eltern anderer Kinder für Berufe aus und was können die verschiedenen Lehrer noch über berufliche Tätigkeiten erzählen?

Am Ende der Werkstattstunden sollte Raum eingeplant werden, um über aufgetretene Schwierigkeiten zu sprechen, um Hinweise zu einzelnen Angeboten zu geben und um erste Arbeitsergebnisse vorstellen zu können.

Anmerkung zum Bereich Mathematik
Die Schwierigkeit der Mathematikangebote variiert sehr stark, sodass nicht alle Aufgaben von allen Kindern zu lösen sein werden. Eventuell müssen Sie hier das Schwierigkeitsniveau an Ihre Lerngruppe anpassen oder Hilfsmittel wie den Taschenrechner zulassen. Auch kann Material wie Holzwürfel und Spielgeld v. a. für schwächere Schüler hilfreich sein.

Das Sachrechenheft können Sie als Heft oder als Kartei herausgeben. Die Karteiform hat den Vorteil, dass sie nur ein oder zweimal kopiert und laminiert werden muss und dann von allen Kindern genutzt werden kann.

Gleiches gilt auch für die Spiele mit Spielkarten in den anderen Unterrichtsfächern.

Anmerkungen zur geschlechtergerechten Sprache
Im vorliegenden Materialangebot werden beide Geschlechterformen gleichmäßig verwendet. Es wurde versucht, gängige Geschlechter-Klischees zu vermeiden.

Für die bessere Lesbarkeit der Schüler wird auf den Arbeitsblättern stets nur eine Geschlechterform verwendet.

Weitere Ideen und Anregungen

Berufe-Kette

Sehr anschaulich wird die riesige Menge unterschiedlicher Berufe mit einer Kette, die Sie in der Klasse aufhängen können und die im Laufe der Werkstattarbeit immer weiter wachsen wird. Bereiten Sie hierfür schmale Papierstreifen (12 × 1,5 cm) vor. Auf jeden Streifen schreiben die Kinder nun einen Beruf, wobei jeder Beruf nur einmal vorkommen darf. Die Streifen werden dann zu Kettengliedern zusammengeklebt oder getackert. Und jedes Mal, wenn die Schüler und Schülerinnen im Laufe der Werkstattarbeit auf einen noch nicht erwähnten Beruf stoßen, bekommt die Kette ein neues Glied.

Gelbe Seiten/Stellenanzeigen

Eine wahre Berufe-Fundgrube bieten auch die Gelben Seiten oder eine Zeitung mit Stellenanzeigen. Hier werden Berufe auftauchen, die die Kinder nicht kennen. Das ist eine prima Gelegenheit, um mithilfe des Internets herauszufinden, was sich hinter all den merkwürdigen Berufsbezeichnungen verbirgt. Es wird nicht immer gelingen, aber es ist auf jeden Fall eine interessante Forscheraufgabe für leistungsstarke Schüler und Schülerinnen.

Elternbesuch

Richtig authentisch wird das Thema „Berufe“, wenn Eltern in den Unterricht kommen, über ihre Tätigkeiten berichten, sich den Fragen der Kinder stellen und vielleicht sogar Arbeitskleidung und Werkzeuge oder Instrumente mitbringen. Vielleicht ist es sogar möglich, einen Elternarbeitsort mit der Klasse zu besuchen? Es lohnt sich auf jeden Fall, die Eltern frühzeitig vor Beginn der Werkstatt zu informieren und zu fragen, ob jemand Zeit und Lust hat, seinen Beruf vorzustellen.

Liebe Eltern,

in den kommenden Wochen möchten wir uns im Unterricht mit dem Thema „Berufe“ beschäftigen. Dabei soll den Kindern ein Eindruck von der Vielfalt, den Möglichkeiten und Anforderungen der Berufswelt vermittelt werden.

Es wäre toll und für die Kinder mit Sicherheit eine Bereicherung, wenn ein paar Eltern Zeit und Lust fänden, zu uns in die Schule zu kommen und ein wenig von ihrem Beruf zu berichten. Melden Sie sich ggf. bitte bei mir, damit wir einen Termin absprechen können.

Viele Grüße

Kindersuchmaschinen

www.fragfinn.de
www.helles-koepfchen.de
www.blinde-kuh.de
www.wokisu.de
www.kidsweb.de (siehe Berufe-Spezial)
www.geo.de/GEOlino/mensch/berufe

Werkstattpass

von ______________________________

Werkstattaufgabe	erledigt am	kontrolliert

Zusatzaufgabe(n):

____

____

____

____

____

____

Zeugnis für die Berufewerkstatt

von ____________________

Du hast __________ von __________ Aufgaben bearbeitet.

Dir fehlen __________ Pflichtaufgaben.

	super	**ok**	**geht besser**
Du hast zügig gearbeitet.			
Du hast sorgfältig gearbeitet.			
Du hast dich nicht ablenken lassen.			
Du konntest fast alles alleine bearbeiten.			
Du hast prima mit anderen Kindern gearbeitet.			
Kommentar:			

____

Datum, Unterschrift

Einsatzmöglichkeiten nach Klassenstufen

Fach	Inhalt	Seite	Klasse 2	Klasse 3	Klasse 4
Deutsch	Berufe-Quiz	12	X	X	X
	Wer spricht hier?	14	X	X	
	Silben sammeln	15	X	X	X
	Mamas oder Papas Beruf	16		X	X
	Trimemo	18		X	X
	Wunschberufe	20		X	X
	Berufsbezeichnungen für Frauen und Männer	21	X	X	X
	Frauen- und Männerberufe	22		X	X
	Arbeiten wie eine Lektorin/ein Lektor	23			X
	Detektivtraining	24		X	X
	Stellenanzeigen	25		X	X
	Blick in die Zukunft	26		X	X
	Rollenspiele	27		X	X
Mathe	Arbeitszeiten	28		X	X
	Lohntabelle	29			X
	Architekt/Architektin	31	X	X	
	LKW-Fahrer/LKW-Fahrerin	32		X	X
	Bankkaufmann/Bankkauffrau	33		X	X
	Fliesenleger/Fliesenlegerin	35		X	X
	Berufs-Knobeleien	36			X
	Sachrechenheft Berufe	37		X	X
Sachunterricht	Wer hat was?	41	X	X	X
	Pantomimekarten	42		X	X
	Arbeitsorte	44	X	X	X
	Arbeitskleidung	45			X
	Berufe vergleichen	46			X
	24 Stunden – 7 Tage die Woche	47			X
	Dienstleister	48		X	X
	Hausmann/Hausfrau	49	X	X	X
	Haushaltspass	50	X	X	X
	Viele Ärzte/Viele Ärztinnen	51		X	X
	Interview mit einem Psychiater/einer Psychiaterin	52			X

Fach	Inhalt	Seite	Klasse 2	Klasse 3	Klasse 4
	Wissenschaftler / Wissenschaftlerin	53			X
	Imker / Imkerin	54		X	X
	Gärtner / Gärtnerin	55			X
	Feuerwehr	56		X	X
	Tierpfleger / Tierpflegerin	57		X	X
	Filmlabyrinth	58			X
	Arbeitslos	59			X
	Physiotherapeut / Physiotherapeutin	60		X	X
Englisch	Playing cards	61		X	X
	Games	62	X	X	X
	At the airport	63		X	X
	What do they want to be?	64		X	X
	Translate	65		X	X
Musik	Sänger / Sängerin	66	X	X	X
	Tänzer / Tänzerin	67	X	X	X
	Baustellen-Rap	68		X	X
	Orchestermusiker / Orchestermusikerin	69		X	X
	Songwriter / Songwriterin	70			X
Religion	Berufe rund um die Kirche	71			X
	Berufe in der Bibel	73		X	X
	Biblische Berufsrätsel	76			X
Kunst	Friseur / Friseurin	77		X	X
	Feuerwehrhelm	78			X
	Politiker / Politikerin	79			X
	Maler / Malerin	80		X	X
	Floristin / Florist	81		X	X
	Modedesigner / Modedesignerin	82	X	X	X
Sport	Physiotherapeut / Physiotherapeutin	83	X	X	X
	Fußballprofi	84	X	X	X
	Zeitungszusteller / Zeitungszustellerin	85	X	X	X
	Polizei	86	X	X	X

Berufe-Quiz

① **Bestimmt einen Leser, der die Quizkarten Satz für Satz vorliest.**
Alle anderen Spieler werden in zwei Gruppen geteilt, die gegeneinander spielen.
Wer den Beruf zuerst errät, bekommt für seine Gruppe einen Punkt.

- Eine spezielle Arbeitskleidung habe ich nicht.
- Ich arbeite in einem Geschäft.
- Ich berate Kunden.
- Was ich verkaufe, brauchen alle.
- Bei Kindern messe ich ein Körperteil.
- Ich sehe viele Füße.

Schuhverkäufer

- Ich erledige viele verschiedene Aufgaben.
- Häufig bin ich im Supermarkt unterwegs.
- Ich sorge für saubere Wäsche.
- Oft bin ich auch Reinigungskraft.
- Ich arbeite zu Hause.

Hausmann

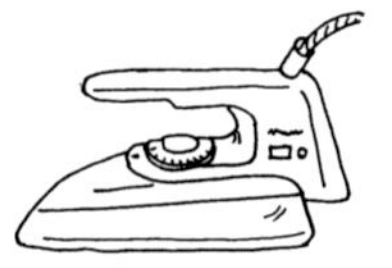

- Ich spreche vor vielen Menschen.
- Ich bin für andere da, vor allem, wenn sie Kummer haben.
- Sonntags arbeite ich immer.
- Meine Arbeitskleidung ist schwarz.
- Ich leite Taufen, Hochzeiten und Beerdigungen.
- Ich arbeite in der Kirche.

Pastorin

- Für meinen Beruf muss ich studieren.
- Ich mag Kinder.
- Mütter kommen mit ihren Babys zu mir.
- Für einen Besuch bei mir hast du ein gelbes Heft.
- Meine Arbeitskleidung ist weiß.
- Ich mache kranke Menschen wieder gesund.

Kinderarzt

- In meinem Berufsnamen steckt ein „ä“
- Ich arbeite viel draußen.
- Manchmal arbeite ich auf dem Friedhof.
- Ich habe einen Spaten.
- Ich kenne mich mit Pflanzen aus.
- Ich säe, gieße und pflanze.

Gärtner

- Ich möchte Dinge verändern.
- Ich plane Gesetze und entscheide wichtige Dinge.
- Manchmal siehst du mich auf vielen Plakaten.
- Ich werde gewählt.
- Ich arbeite im Bundes- oder Landtag.

Politikerin

- Um meinen Beruf zu lernen, mache ich eine Lehre.
- Oft muss ich etwas ausmessen.
- An manchen Arbeitsgeräten kann ich mich verletzen.
- Ich arbeite mit Holz.
- Ich verkleide Wände und baue Treppen.
- Ich entwerfe und baue Möbel.

Tischlerin

- Ich muss fit sein.
- Ich helfe Menschen in Not.
- Ich trage Schutzkleidung.
- Manchmal rette ich auch Tiere.
- Mein Einsatzort ist oft heiß.
- Meine Telefonnummer hat nur 3 Ziffern.

Feuerwehrmann

- Ich trage die Verantwortung für viele Menschen.
- In meinem Beruf sitze ich viel.
- Manchmal nehme ich Gruppen mit auf Reisen.
- Ich brauche einen Führerschein.
- Ich fahre ein großes Fahrzeug.
- Morgens und mittags transportiere ich Schüler.

Busfahrerin

- Ich trage eine Uniform.
- Ich bin oft lange von zu Hause fort.
- Ich transportiere Menschen oder Waren.
- Ich habe ein Fernglas.
- Ich arbeite auf dem Meer.
- Bei einem Untergang verlasse ich zuletzt das Schiff.

Kapitän

- Ich bin oft draußen.
- Wenn ich gut bin, verdiene ich sehr viel Geld.
- Für meinen Job muss man schon als Kind trainieren.
- In meinem Berufsnamen steht ein Körperteil.
- Mein Traum ist die Nationalmannschaft.

Fußballprofi

- Ich muss viele Ideen haben.
- Ich kann gut zeichnen.
- Mit dem Computer kann ich auch gut umgehen.
- Ich weiß viel über das Bauen.
- Ich weiß, wie ein Haus stabil wird.
- Zu mir kommen die Menschen, die ein Haus bauen wollen.

Architektin

- Ich fahre von Haus zu Haus.
- Ich kenne mich mit Heizungen aus.
- Ich habe eine Bürste mit einem langen Draht.
- Früher musste ich aufs Dach klettern.
- Meine Berufskleidung ist schwarz.
- Ich gelte als Glücksbringer.

Schornsteinfegerin

Wer spricht hier?

① **Trage ein, wer hier spricht.**

______________________: „Ihren Fahrschein bitte!"

______________________: „Nicht vom Beckenrand springen!"

______________________: „Sag mal Aaa!"

Kinderärztin, Schaffner, Bademeister

② **Was sagen die Personen? Schreibe in die Sprechblasen.**

3+2

Kakao

HALT POLIZEI

③ **Denke dir mit einem Partner einen Beruf aus und spielt einen kurzen Dialog.**

Silben sammeln

Stellt eure Spielfiguren auf ein leeres Feld. Nun wird abwechselnd gewürfelt. Ihr dürft in beide Richtungen laufen. Landet die Figur auf einem Buchstaben, überlegt sich der Spieler einen Beruf, der mit diesem Buchstaben beginnt.

Jede Silbe von seinem Beruf ergibt 1 Punkt. Je länger der Berufsname ist, desto mehr Punkte erhält der Spieler.

Ziel ist es, möglichst schnell 30 Punkte zu erreichen. Euren Zwischenstand könnt ihr mit Bleistift in euer Punktefeld schreiben und nach jeder Runde ergänzen.

Beispiel: Arzt → 1 Punkt, Automechaniker → 6 Punkte

		H	A			G	F		R
C									J
E									M
T									
N									S
D									B
	P	L	I	T	O			K	

Punkte:

Punkte:

Mamas oder Papas Beruf

① **Schneide die Menschenform mehrmals aus und hefte sie zu einem Buch zusammen. Gestalte das erste Blatt als deine Mama oder deinen Papa.**

② **Finde nun mit dem Fragebogen möglichst viel über ihren/seinen Beruf heraus.**

③ **Schreibe die Antworten in dein Buch.**

Wie heißt dein Beruf?

Wo arbeitest du?

Was für eine Ausbildung hast du gemacht?

Wie lange arbeitest du schon in deinem Beruf?

Was sind deine Aufgaben?

Welche Tätigkeit magst du am liebsten in deinem Beruf?

Was magst du nicht so gerne?

Von wann bis wann arbeitest du?

Kannst du mir einen typischen Tag beschreiben?

Warum hast du dich für diesen Beruf entschieden?

Würde mir dieser Beruf auch Spaß machen?

Musst du eine bestimmte Kleidung tragen?

Welchen Gegenstand kann ich zu deinem Beruf malen?

Mamas oder Papas Beruf – Vorlage

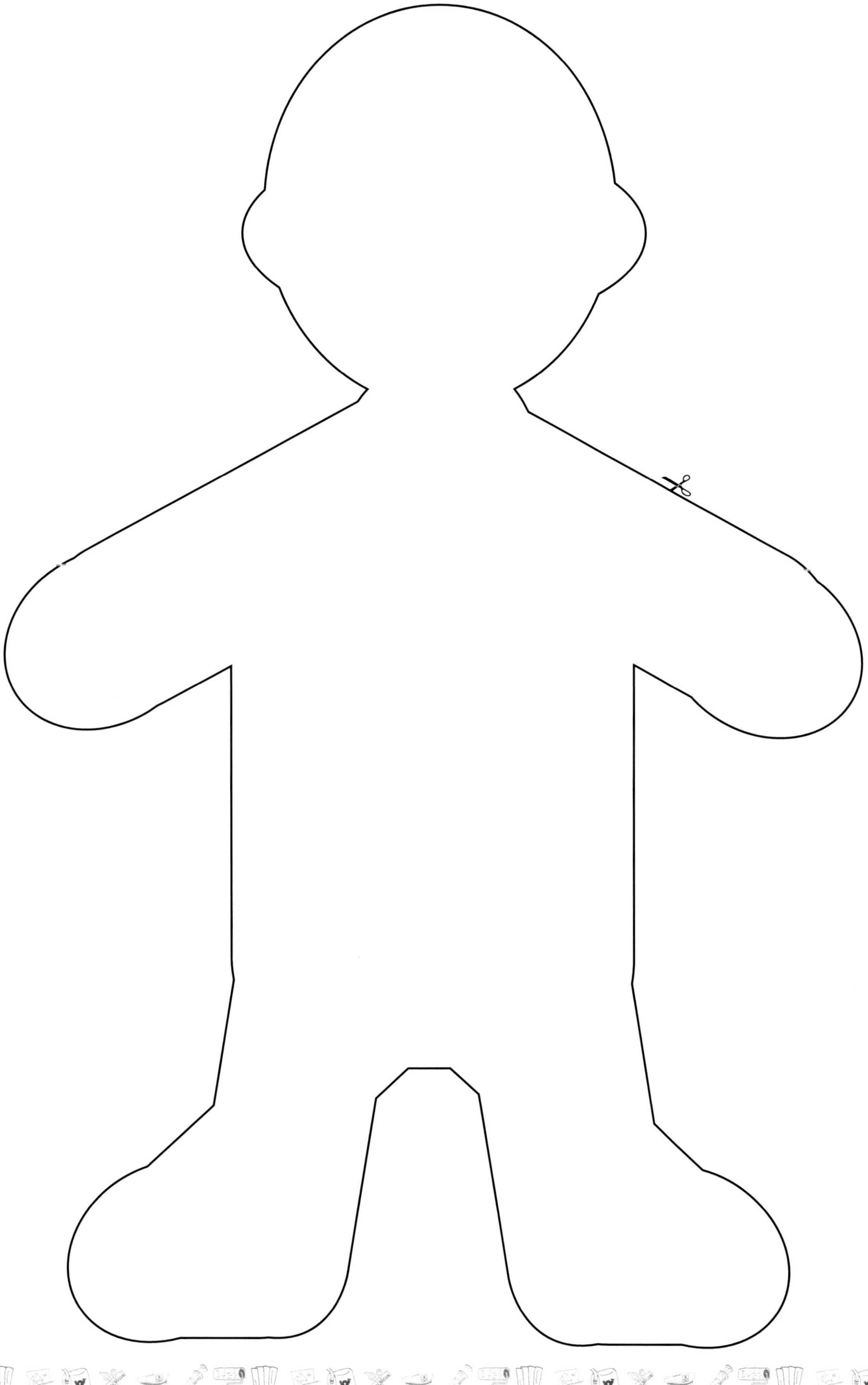

Trimemo (I)

① **Finde zu den abgebildeten Berufen ein passendes Verb und schreibe es auf die zweite Karte.**

② **Überlege dir für die dritte Karte einen „und-Satz“, der den Beruf beschreibt.**
Beispiel: Sie unterrichtet und arbeitet in der Schule.

A1 	A2	A3	B1 
B2	B3	C1 	C2
C3	D1 	D2	D3
E1 	E2	E3	F1 
F2	F3		

Trimemo (II)

③ **Suche dir einen Partner. Schneide die Karten aus und lege sie verdeckt auf den Tisch. Spielt nun das bekannte Memospiel. Dabei werden aber keine 2er-, sondern 3er-Pärchen gesucht.**

Wunschberufe

① **Weißt du schon, was du später einmal werden möchtest?**
Auf jeden Fall sollte der Beruf zu dir passen.

② **Kreuze an.**

	mag ich	mag ich nicht
Sport		
Schreiben/PC-Arbeit		
Pflanzen/Tiere		
Kreativ sein		
Musik		
Kontakt zu Menschen		
Handwerklich arbeiten		
Menschen helfen		
reisen		
mein eigener Chef sein		
mit Technik arbeiten		
Mathematik		

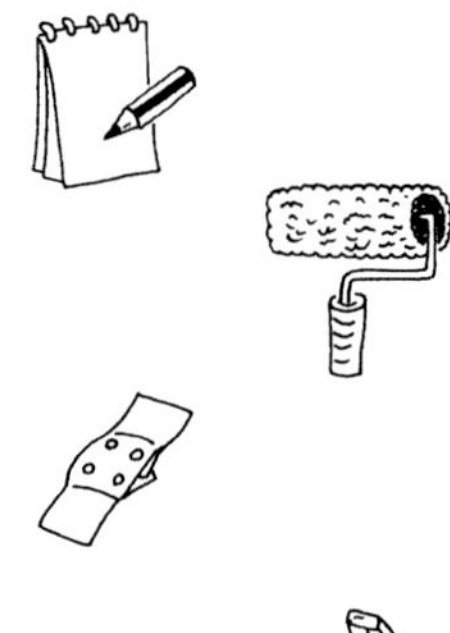

③ **Was gefällt dir an deinem Wunschberuf so gut?**

④ **Forsche im Internet, wie viel du in deinem Traumberuf verdienen würdest.**

⑤ **Mache eine Wunschberufs-Umfrage in deiner Klasse.**
Lege dazu eine Tabelle an.

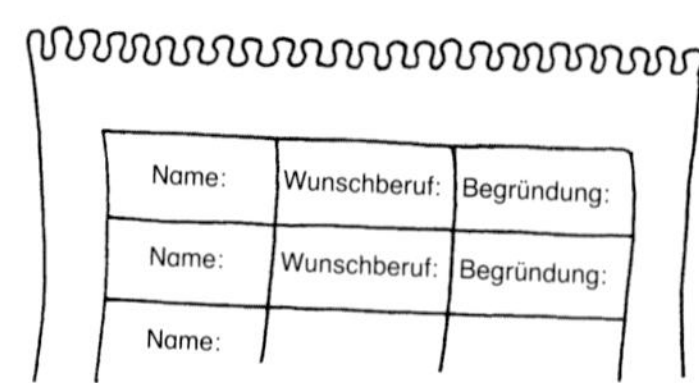

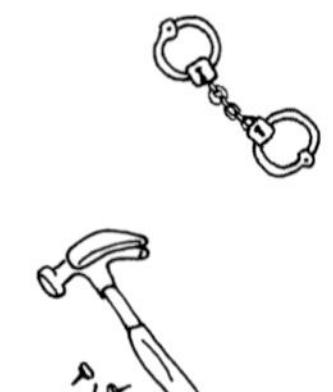

Berufsbezeichnung für Frauen und Männer

① **Suche dir einen Partner. Jeder bekommt ein Puzzle. Auf ein Startsignal beginnt nun ein Spieler, die Streifen seines Puzzles auseinanderzuschneiden und richtig zusammenzukleben. In dieser Zeit versucht sein Partner, so viele Berufe wie möglich aufzuschreiben. Dabei muss er aber immer den Frauen- und Männernamen notieren (z. B. Lehrer/Lehrerin). Ist das erste Puzzle fertig, werden die Rollen getauscht. Wer hat die meisten Berufe aufgeschrieben?**

② **Welche Wortendung haben die meisten Frauenberufe?**

③ **Wie heißen die Berufe, die ihr gepuzzelt habt?**

Mann: ______________________ ______________________

Frau: ______________________ ______________________

Puzzle für Spieler 1

Puzzle für Spieler 2

Frauen- und Männerberufe

Eigentlich können fast alle Berufe von Frauen und Männern ausgeübt werden. Trotzdem gibt es typische Frauen- und Männerberufe.
Die einzigen Berufe, in denen bis heute nur Männer arbeiten dürfen, sind katholischer Pfarrer und Bischof.

① **Welche Berufe wählen mehr Frauen, welche mehr Männer? Kreuze in der Tabelle an. Finde noch eigene Beispiele.**

Beruf	Frauen	Männer	Beide gleich
Tänzer/ Tänzerin			
Arzt/ Ärztin			
Friseur/ Friseurin			
Maurer/ Maurerin			
Postbote/ Postbotin			
Kindergärtner/ Kindergärtnerin			

② 

Schreibe diesen Text ab. Wandle ihn dabei so um, dass er von einer Frau handelt.

Ein Buchhändler arbeitet im Buchladen. Morgens kommen Bücherpakete, die er auspacken muss. Der Buchhändler berät auch die Kunden. Gibt es ein Buch nicht im Laden, bestellt er es für den Kunden.

Er dekoriert das Schaufenster und telefoniert mit Verlagen, die ihm neue Bücher vorstellen. Dann muss er entscheiden, welche Bücher er in seinem Laden verkauft.

Arbeiten wie eine Lektorin/ein Lektor

Eine Lektorin bekommt Texte von Autoren und überlegt, ob diese zu einem Buch werden können. Dabei schaut sie sich die Texte ganz genau an und bearbeitet und verbessert sie. Sie möchte, dass das Buch später richtig gut klingt. Es darf keinen Fehler mehr haben und muss interessant zu lesen sein.

Verändere diese Texte so, dass sie besser klingen.
Damit es einfacher ist, sind die Stellen für dich markiert.
Schreibe die neue Fassung in dein Heft.

Der Dachdecker

Der Dachdecker arbeitet in großer Höhe. **Der Dachdecke**r muss also schwindelfrei sein.

Der Dachdecker deckt Dächer mit Dachpfannen und dichtet sie mit Isolierfolien ab.

Der Dachdecker arbeitet bei Wind und Wetter draußen.

Der Dachdecker bringt auch Dachrinnen an und baut Dachfenster ein.

Der Dachdecker errichtet auch Blitzableiter und baut Solaranlagen auf das Dach.

Der Dachdecker trägt Arbeitskleidung mit vielen Taschen.

Der Dachdecker steckt einen Zollstock oder Hammer in diese Taschen.

Der Dachdecker trägt auch Sicherheitsschuhe, Handschuhe und einen Helm.

Die Verkäuferin

Die Verkäuferin **kann** in vielen Geschäften arbeiten: im Supermarkt, in der Imbissbude, im Kleidungsgeschäft oder in einem Buchladen.

Dort **kann** sie an der Kasse sitzen, kassieren und Umtäusche entgegennehmen.

Sie **kann** aber auch Waren in die Regale räumen.

Sie **kann** anprobierte Kleidungsstücke wieder zusammenlegen und zurückhängen.

Sie **kann** auch kontrollieren, ob noch genügend Ware im Geschäft ist.

Sie **kann** Ware nachbestellen, wenn diese fast ausverkauft ist.

Die Verkäuferin **kann** besonders freundlich sein, damit die Kunden gerne in das Geschäft kommen.

Detektivtraining

Ein Detektiv recherchiert und observiert. Das heißt, er ermittelt Dinge und er beobachtet Leute. Beim Ermitteln forscht er im Internet oder befragt Zeugen.

Bei der Observierung ist es wichtig, nicht entdeckt zu werden. Ein Kaufhausdetektiv tarnt sich als normaler Kunde und versucht auf diese Weise, Diebe zu erwischen. Manchmal stellt ein Detektiv auch Fallen. Er präpariert z. B. Geldscheine mit Silbernitrat. Fasst der Dieb diese Scheine dann an, bekommt er schwarze Hände. Ein guter Detektiv bleibt stets unbemerkt und hält sich im Hintergrund.

① **Nimm einen Spiegel und beobachte einen deiner Mitschüler unauffällig. Beschreibe dann möglichst genau. Wie sieht er aus? Was macht er gerade?**

② **Überlege. Was braucht ein Detektiv?**

③ **Versuche, die Geheimcodes zu knacken.**

Einefestgelegteausbildungzumdetektivgibtesnicht.

Häufig werden es Menschen, die vorher einen anderen Beruf hatten, z. B. Polizist, Soldat oder Anwalt.

5/9/14 4/5/20/5/11/20/9/22 13/21/19/19

4/9/14/7/5 19/3/8/14/5/12/12 5/18/11/5/14/14/5/14

Stellenanzeigen

Wenn ein Geschäft, eine Firma oder ein anderer Arbeitgeber neue Mitarbeiter braucht, wird eine Stellenanzeige geschrieben. Diese kommt dann in die Zeitung oder ins Internet. In der Stellenanzeige stehen meist ein paar Informationen über den Arbeitgeber und den Job, der zu vergeben ist. Dabei wird beschrieben, welche Aufgaben zu der Stelle gehören, was von den Bewerbern erwartet wird, was sie können sollten, aber auch, was ihnen geboten wird.

① **Schreibe deine eigene Stellenanzeige.**

Stelle dir vor, du darfst deinen neuen Lehrer selber aussuchen.

Lehrer / Lehrerin gesucht!

Angaben zur Klasse:

Das sollten Sie mögen:

Das sollten Sie können:

Ich biete:

Blick in die Zukunft

Ihr braucht: 2 Spielfiguren
7 Steinchen
1 Würfel (normal)
1 Würfel (mit Pronomen: ich, du, er, sie, wir, ihr)

① **Würfelt abwechselnd mit beiden Würfeln. Rückt die gewürfelte Zahl vor und bildet mit dem Pronomen einen passenden „Zukunfts-und-Satz“.**
Beispiele: Ich werde Polizist und werde den Verkehr regeln.
Du wirst Friseur und wirst deinen Kunden die Haare schneiden.

② **Landet ihr auf einem grauen Feld, dürft ihr euch ein Steinchen nehmen. Wer zuerst 4 Steinchen gesammelt hat, gewinnt das Spiel.**

Start	Tier-pflegerin	Maurer	Sekretär		Maler
Fischer					Lehrerin
Kranken-schwester					Gärtner
Anwältin					Verkäuferin
Pilotin					Dachdecker
Astronaut					Ärztin
Schneiderin					Köchin
Busfahrer					Friseurin
Taxi-fahrerin		Haus-meister		Büro-kauffrau	Heizungs-bauer

Rollenspiele

Suche dir einen Partner. Entscheidet euch für einen der 3 Berufe und erfindet hierzu ein kleines Rollenspiel. Notiert, was für eine Situation ihr euch ausgedacht habt und spielt die Szene vor.

Schneiderin

Änderungsschneiderinnen nähen Kleidungsstücke um. Sie kürzen Hosen und Röcke, nähen Kleider enger, tauschen kaputte Reißverschlüsse aus oder machen einen Saum auf, damit das Kleidungsstück länger wird. Sie kürzen auch Gardinen und nähen Deckchen und Kissen. Meist arbeiten sie mit der Nähmaschine, aber manchmal müssen sie auch mit der Hand nähen.

Situation:

____

____

____

____

____

Kfz-Mechaniker

Kfz-Mechaniker reparieren kaputte Autos. Mit einem Computer spüren sie Fehler am Motor oder der Klimaanlage auf. Sie bestellen Ersatzteile, wechseln Reifen und reparieren Unfallschäden. Bei einer Inspektion checken sie, ob alles am Auto ok ist. Wenn nötig, erneuern sie die Bremsen oder wechseln das Öl.

Situation:

____

____

____

____

____

Altenpflegerin

Altenpflegerinnen kümmern sich um alte Menschen. Sie helfen ihnen, wenn sie krank und schwach sind, sich nicht mehr alleine waschen oder alleine einkaufen gehen können. Manche Altenpflegerinnen arbeiten in Altenheimen, andere fahren zu den alten Leuten nach Hause. Sie geben Medikamente, helfen beim Essen und Anziehen und machen kleine Spaziergänge. Sie brauchen viel Geduld.

Situation:

____

____

____

____

____

Arbeitszeiten

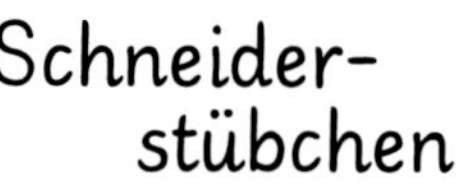

① **Wie viele Stunden hat das Schneiderstübchen von Frau Bär in einer Woche geöffnet?**

Schneider-
stübchen

Mo: Ruhetag

Di – Fr: 9.30 – 12.00 Uhr
15.00 – 18.00 Uhr

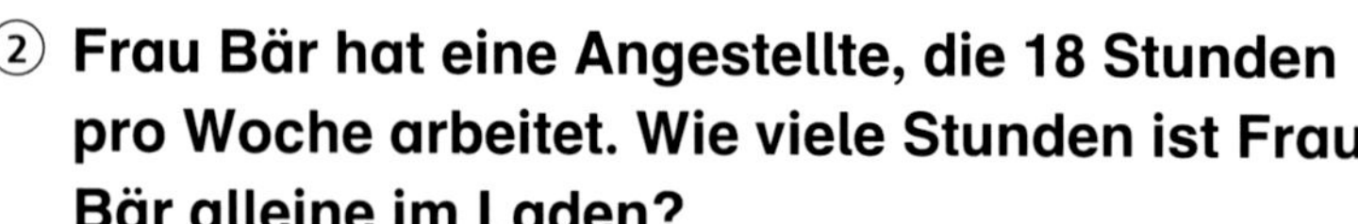

② **Frau Bär hat eine Angestellte, die 18 Stunden pro Woche arbeitet. Wie viele Stunden ist Frau Bär alleine im Laden?**

③ **Trage die Arbeitszeiten in die Uhren ein.**

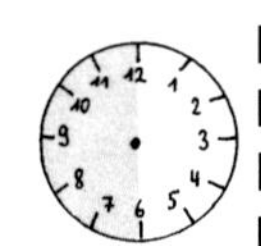

Beispiel: Koch
Beginn: 18 Uhr
Ende: 24 Uhr
Dauer: 6 Stunden

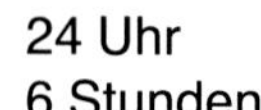

Beginn: 8 Uhr	Beginn: 15 Uhr	Beginn: 3 Uhr	Beginn: 21 Uhr
Ende: 13 Uhr	Ende: 18 Uhr	Ende: 11 Uhr	Ende: 6 Uhr
Dauer: ______	Dauer: ______	Dauer: ______	Dauer: ______

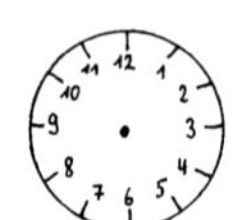
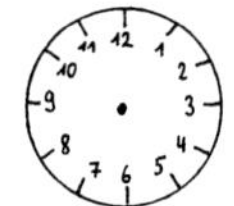
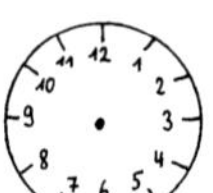
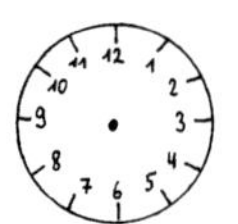

④ **Frau Kölle arbeitet als Bürokauffrau. Sie darf sich ihre Arbeitszeit (38 Stunden pro Woche) selbst einteilen. Das Büro hat von 7.30 bis 19.00 Uhr geöffnet. An jedem Tag muss sie mindestens 30 Minuten Pause machen. Entwirf für Frau Kölle einen Wochenplan.**

	Mo	Di	Mi	Do	Fr
Beginn					
Pause					
Ende					
Gesamtstunden des Tages					

Lohntabelle (I)

Wie viel du in deinem Beruf verdienst, hängt von vielen Dingen ab. Es spielt eine Rolle, ob du angestellt bist oder dein eigener Chef bist, aber auch wie viel Verantwortung du in deinem Beruf hast.
Berufe, für die du studieren musst, oder für die du eine lange Ausbildung brauchst, werden oft besser bezahlt. Ungerecht ist, dass Männer manchmal für die gleiche Arbeit mehr Lohn bekommen als Frauen.

① **Schau dir die Lohntabelle (II) genau an.**

1 Wer verdient am meisten, wer am wenigsten?

2 Bei welchem Beruf ist der Unterschied zwischen Mann und Frau am größten?

3 Gibt es auch Berufe, bei denen die Frauen mehr verdienen als die Männer?

4 Wie viel verdient eine Ärztin mehr als ihre Arzthelferin?

5 Welche Berufe werden fast gleich bezahlt?

6 Frau Meier ist Erzieherin und Herr Meier Programmierer. Frau Sommer arbeitet als Altenpflegerin und ihr Mann ist Übersetzer. Welche Familie verdient mehr?

② **Schau dir das Diagramm an. Was verdient man ungefähr in diesen Berufen?**

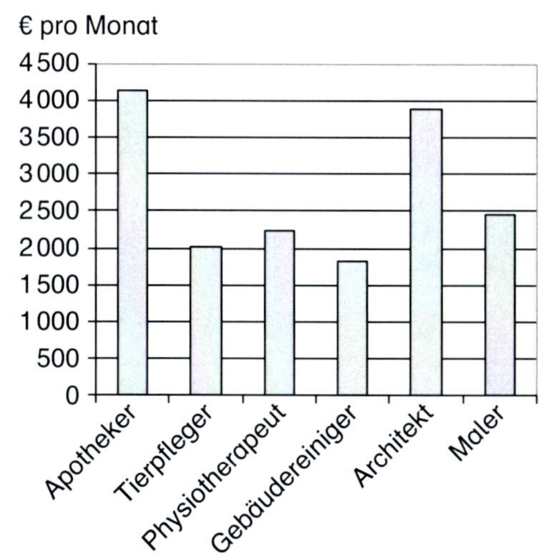

Apotheker: ______________________

Tierpfleger: ______________________

Physiotherapeut: ______________________

Gebäudereiniger: ______________________

Architekt: ______________________

Maler: ______________________

Lohntabelle (II)

Beruf	Männer	Frauen
Übersetzer	3 577 €	3 153 €
Erzieher	2 770 €	2 540 €
Altenpfleger	2 316 €	2 285 €
Bäcker	2 108 €	1 837 €
Konditor	2 228 €	1 780 €
Kameramann	2 903 €	2 344 €
Journalist (angestellt)	4 765 €	3 475 €
Autoverkäufer	3 052 €	2 629 €
Kassierer im Einzelhandel	1 652 €	2 043 €
Programmierer	3 610 €	3 538 €
Arzthelfer	1 961 €	2 030 €
Arzt (angestellt)	4 875 €	4 132 €
Hausmeister	2 205 €	1 997 €
Friseur	1 474 €	1 640 €
Gärtner	2 172 €	1 988 €

① **Welcher Lohn gehört zu welchem Beruf? Verbinde.**

② **Vergleiche mit einem Partner.**

Beruf	Lohn
Wachmann	7 268 €
Dachdecker	1 799 €
Oberarzt	2 548 €

Architekt/Architektin

Ein Architekt plant und zeichnet an seinem Computer und auf dem Zeichenbrett die Vorlage, nach der ein neues Haus gebaut werden soll. Diese Pläne bekommt dann der Bauunternehmer. In seiner Ausbildung lernt der Architekt, welche Baustoffe und Materialien es gibt und wie ein Haus konstruiert werden muss, damit es nicht zusammenstürzt. Bei seiner Planung darf er eigene Ideen umsetzen. Oft muss er sich aber an Vorgaben von der Stadt halten. Er darf kein Hochhaus in einer Siedlung mit Einfamilienhäusern planen.

① **Hier siehst du Gebäude aus Würfeln. Ordne die Baupläne den Gebäuden zu.**

Beispiel: 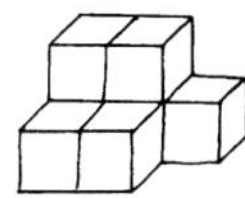

Bauplan: 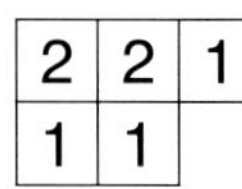

2	2	1
1	1	

a) 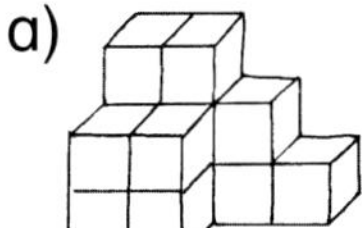

b) 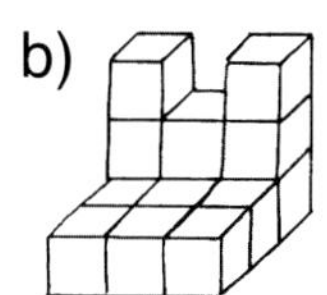

c) 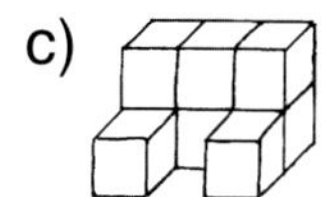

◯

3	2	3
1	1	1
1	1	1

◯ 

3	3	2	1
2	2		

◯

2	2	2
1		1

② **Erfindet abwechselnd Baupläne und lasst das Gebäude von einem Partner bauen. Dafür benutzt er Würfel.**

③ **Zeichne diesen Plan zu Ende, sodass ein symmetrisches Haus entsteht.**

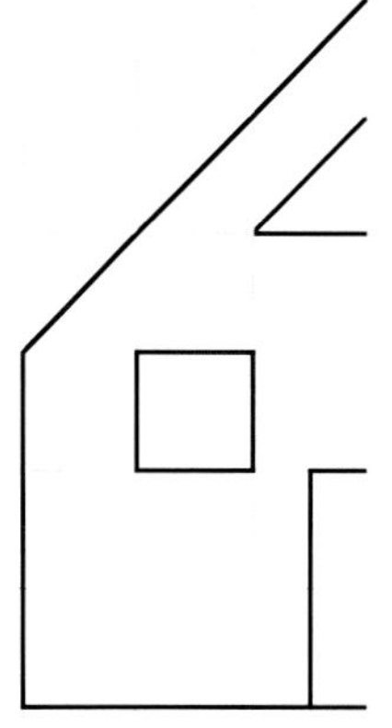

④ **Zeichne ihn dann vergrößert in dein Heft ab. Dabei zeichnest du für 1 Kästchen immer 2 Kästchen.**

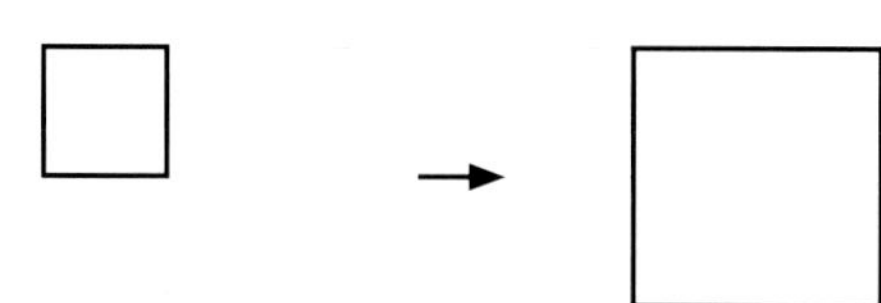

LKW-Fahrer/LKW-Fahrerin

LKW-Fahrer transportieren Waren von einem Ort zum anderen. Manchmal sind sie dabei in ganz Deutschland oder sogar Europa unterwegs. Sie haben einen speziellen Führerschein. Bevor es losgeht, kontrollieren sie ihr Fahrzeug. Dann rangieren sie den LKW so, dass die Waren aufgeladen werden können. Sie müssen regelmäßig Pausen machen. Deshalb stellen sie ihren LKW an Autobahnraststätten ab. Oft übernachten sie dort sogar in ihrem Fahrzeug.

① **Ein LKW fährt mit einer Geschwindigkeit von 80 km/h. Also fährt er in einer Stunde 80 Kilometer. Wie viele Kilometer fährt er …**

… in 45 Minuten?	
1 h	80 km
30 min	
15 min	
45 min	

② **Schau dir die Zeichnung und das Entfernungsschild an.**

Hannover	130
Braunschweig	200
Magdeburg	280
Berlin	420

Wie weit ist es vom Standort bis Berlin? ____________________

Wie weit ist es von Hannover bis Magdeburg? ____________________

Der LKW macht in Braunschweig eine Pause.
Wie viele Kilometer ist er schon gefahren? ____________________

Welche Zwischenetappe ist die kürzeste? ____________________

Welche Strecke ist kürzer? Vom Standort bis Hannover oder von Braunschweig nach Magdeburg? ____________________

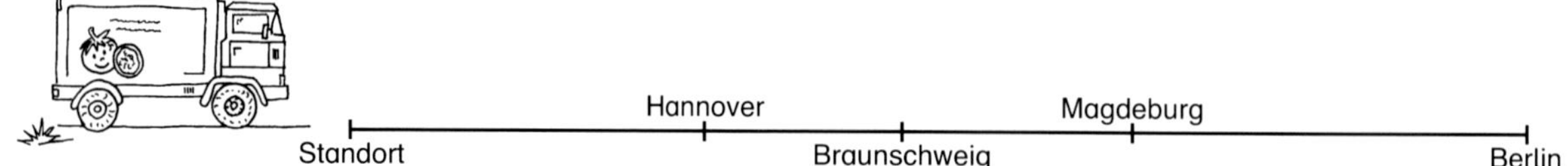

Bankkaufmann/Bankkauffrau (I)

Wer in einer Bank arbeitet, muss korrekt gekleidet sein.

① **Bastle ein Bänkerbuch.**

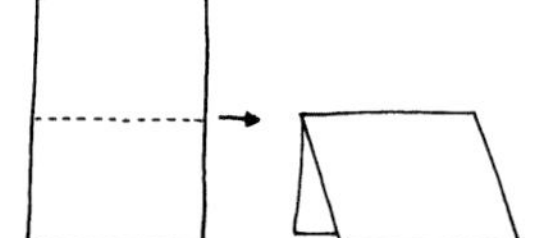

Falte ein DIN-A4-Blatt in der Mitte.

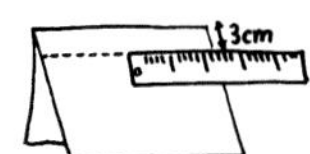

Miss von der Faltkante 3 cm ab.

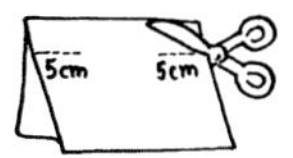

Schneide an dieser Linie von beiden Seiten 5 cm ein.

Klappe die oberen Streifen schräg nach vorne und klebe den Kragen fest.

Lege die Aufgabenseiten in dein Buch und tackere sie fest.

Verziere dein Hemd mit Knopfleiste, Tasche oder Krawatte.

Ein Bankkaufmann muss gut in Mathe sein, denn er unterstützt Kunden in ihren Geldangelegenheiten. Er informiert, welches Konto das beste für sie ist und wie sie ihr Erspartes am schnellsten vermehren können. Er berät und hilft auch, wenn ein Kunde einen Kredit braucht – wenn er sich also Geld von der Bank leihen möchte. Muss ein Kunde Geld ins Ausland überweisen oder braucht er Geld in einer anderen Währung, kann er sich ebenfalls an den Bankkaufmann wenden.

Könntest du dir vorstellen, in einer Bank zu arbeiten?

Bankkaufmann/Bankkauffrau (II)

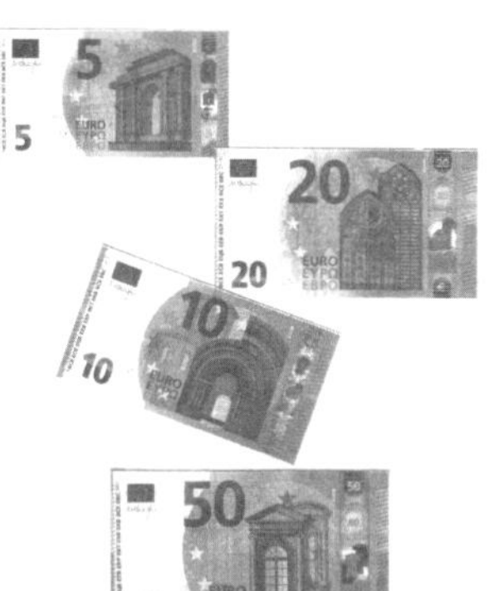

Ein Kunde möchte 50 € ausgezahlt bekommen.

Finde verschiedene Möglichkeiten, mit welchen Scheinen der Bankkaufmann das Geld herausgeben kann.

1 Schein: 50 €

3 Scheine: 

Eine Kundin leiht sich 1 000 € von der Bank.

Jeden Monat zahlt sie 50 € zurück.

Am Ende muss sie noch einmal 50 € Zinsen bezahlen.

Wie lange dauert es, bis die Kundin keine Schulden mehr hat?

In Schweden gibt es keinen Euro. Die schwedische Währung heißt Krone. Mehrere Kunden möchten ihr Urlaubsgeld zurücktauschen. Wie viel Euro bekommen sie?

5 Kronen= ____________

30 Kronen= ____________

100 Kronen= ____________

1 000 Kronen= ____________

1 600 Kronen= ____________

1 Krone = 9 Cent

Fliesenleger/Fliesenlegerin

Ein Fliesenleger verkleidet Fußböden, Wände und Häuserfassaden mit unterschiedlichen Fliesen.
Manche sind aus Glas, Keramik, Natur- oder Kunststein. Er berät die Kunden bei der Wahl des Materials und macht mit ihnen Pläne, wie die Fliesen angeordnet werden sollen. Mit Spezialkleber werden die Fliesen befestigt. Später muss er die Lücken zwischen den Fliesen verfugen.

① **Stelle aus Faltpapier verschiedene Fliesen her.**

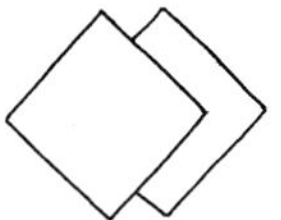

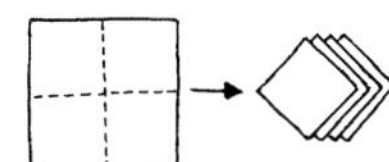

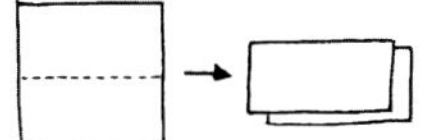

② **Lege damit unterschiedliche Fliesenmuster und zeichne sie in dein Heft ab.**

③ **Setze diese Fliesenmuster fort.**

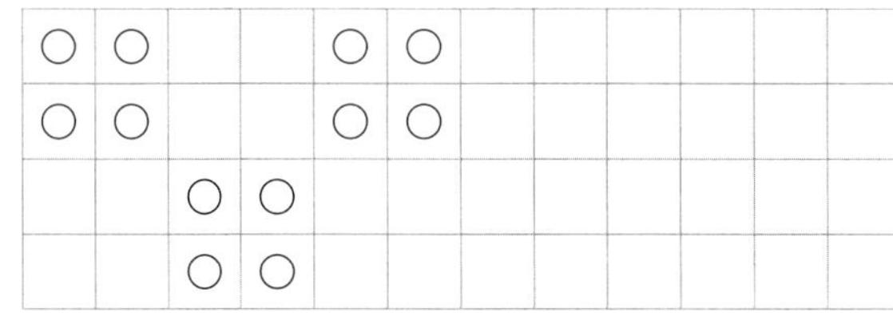

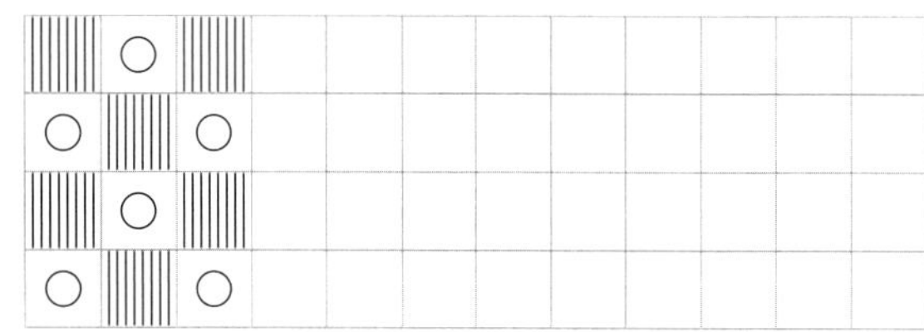

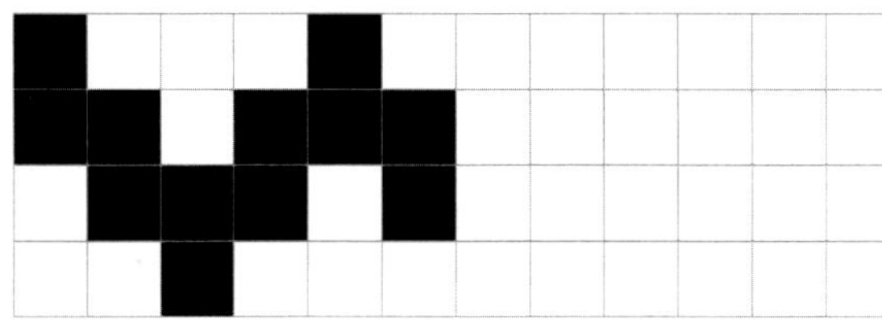

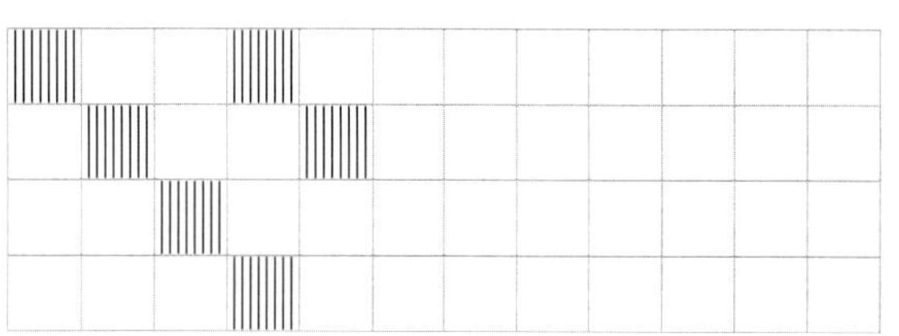

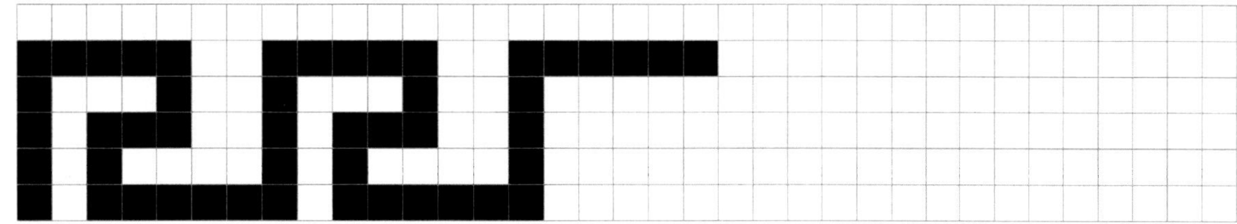

Berufs-Knobeleien

① **Herr Schneider, Herr Maurer und Herr Bäcker lernen sich kennen. Herr Bäcker sagt: „Wie lustig. Einer von uns ist Schneider, einer Bäcker und einer Maurer von Beruf." Da sagt Herr Schneider: „Ja, aber bei keinem von uns passt der Name zu seinem Beruf." Herr Maurer lacht: „Zum Glück muss ich bei meinem Beruf nicht so früh aufstehen."**

Wer ist wer?

Herr ________________ Herr ________________ Herr ________________

② **Male die Haare und Schuhe in den richtigen Farben an und trage die Namen ein.**

Herr ________________ Herr ________________ Herr ________________

1. Herr Schneider steht in der Mitte.
2. Herr Hirsch steht nicht rechts.
3. Herr Schneider und Herr Hirsch haben nicht die roten Haare.
4. Herr Schneider ist nicht der Blonde.
5. Einer hat braune Haare.
6. Der mit den blonden Haaren hat braune Schuhe.
7. Herr Schneider trägt nicht die blauen Schuhe.
8. Einer heißt Herr Prause.
9. Einer hat schwarze Schuhe.

Mein Sachrechenheft Berufe

Tierärztin/Tierarzt

Tierärztin Frau Schreiber hat vormittags 6 Tiere in ihrer Praxis.

① **Wie lange dauern die Behandlungen?**

Tier	Anfang	Ende	Dauer
Katze	8.00 Uhr	8.25 Uhr	
Kaninchen	9.30 Uhr	9.45 Uhr	
Schildkröte	9.50 Uhr	10.18 Uhr	
Papagei	10.20 Uhr	10.30 Uhr	
Hamster	10.35 Uhr	11.05 Uhr	
Hund	11.10 Uhr	11.55 Uhr	

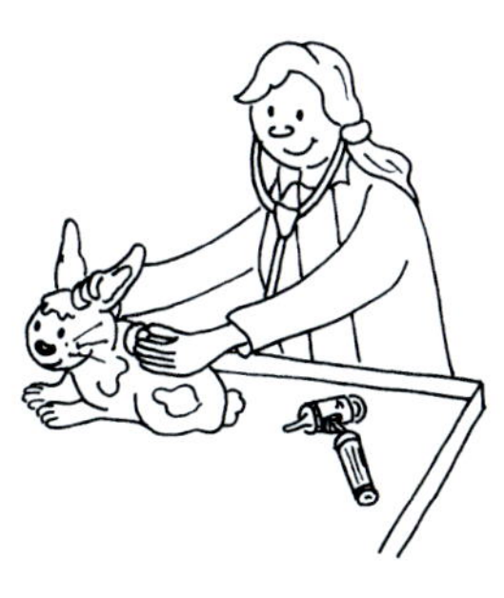

② **Welche Behandlung dauerte am längsten?** ______________________

③ **Wie lang ist der Arbeitsvormittag für Frau Schreiber?** ______________

Tischler/Tischlerin

Tischler Hoffmann hat verschieden lange Bretter.

① **Lege 2 Bretter aneinander. Wie lang sind diese dann? Gib 5 Beispiele.**

② **Herr Hoffmann braucht eine Länge von 4,10 m. Welche Bretter nimmt er?**

③ **Drei Bretter sollen genau 6 m lang sein. Welche Möglichkeiten hat Herr Hoffmann?**

Pizzabäcker/Pizzabäckerin

Giovanni schneidet für seine Kunden die Pizzen schon in Stücke.
Hilf ihm dabei.

① **Zeichne Schnittlinien ein.**

2 Stücke

4 Stücke

3 Stücke

6 Stücke

Friseurin/Friseur

① **Ina hat in ihrem Friseursalon heute schon zwei Damenschnitte, einen Herrenschnitt und drei Kinderhaarschnitte gemacht. Außerdem hat sie einmal Haare gefärbt. Was hat sie verdient?**

____

② **Gestern hat Ina nur durch Dauerwellen und Färben 174 € eingenommen. Wie viele Kunden waren das?**

____

③ **Was muss Frau Engel bezahlen, wenn sie sich mit ihren Kindern Lena und Tim die Haare schneiden lassen möchte?**

____

Preisliste:

Damenhaarschnitt:	24,50 €
Herrenhaarschnitt:	18,50 €
Kinderhaarschnitt:	12,00 €
Dauerwelle:	42,00 €
Färben:	48,00 €

Gärtner/Gärtnerin

Gärtner Gerlach soll einen Garten neu anlegen. Hilf ihm, einen Plan zu zeichnen und berücksichtige die Wünsche des Kunden.

Gartenhaus: 4 m lang, 3 m breit
Rosenbeet: 6 m lang, 1 m breit
Gemüsebeet: 9 m lang, 1 m breit
3 Bäume: 1 m × 1 m
Rest: Rasen

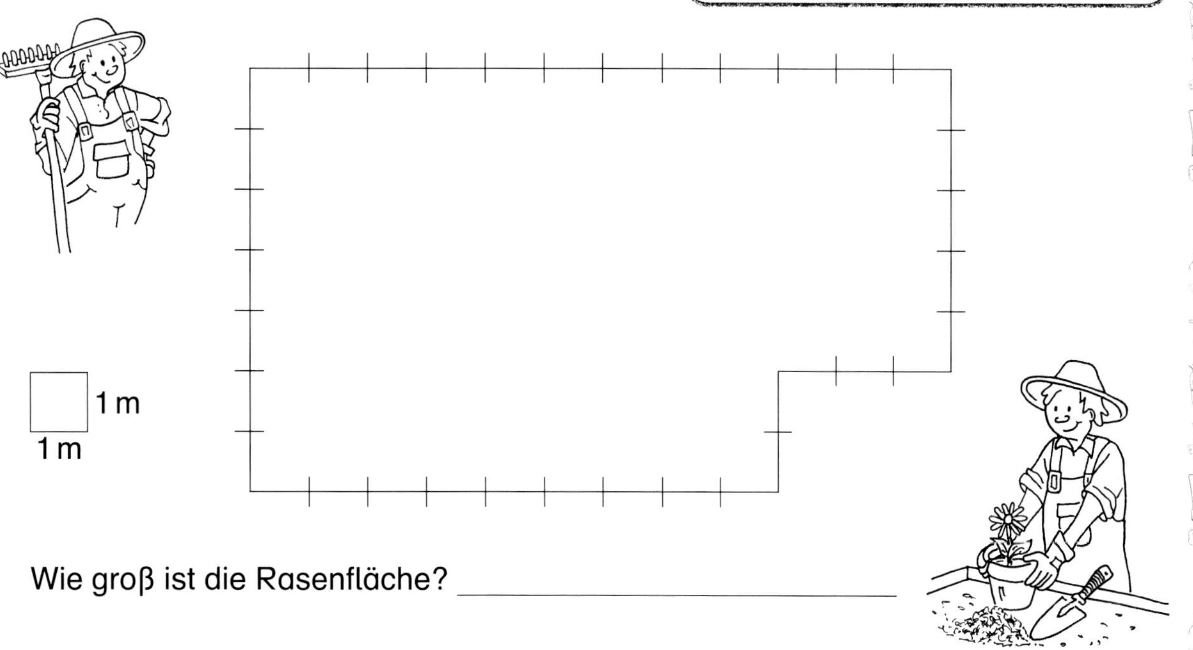

Wie groß ist die Rasenfläche? ______________________________

Bäcker/Bäckerin

Bäcker Pollmann muss heute 416 Brötchen backen.
Auf jedes Backblech passen 16 Stück.

① **Wie viele Bleche muss er füllen?**

Anzahl Bleche	Anzahl Brötchen
1	16
2	
3	
5	
6	
10	

② **Für einen Kuchen braucht Herr Pollmann 250 g Mehl. Erfinde eine Sachaufgabe und lasse sie von deinem Partner lösen.**

Paketbote/Paketbotin

Heute liefert Herr Tamm 120 Päckchen aus. Diese muss er erst sortieren, einscannen und ins Auto laden. Das dauert 2 Stunden. Dann fährt er los. 5 Kunden bekommen 2 Päckchen. Pro Stopp braucht Herr Tamm etwa 2 Minuten. In der Weihnachtszeit sind es manchmal doppelt so viele Päckchen.

① **Erfinde 2 eigene Fragen, bei denen du etwas ausrechnen musst, um sie zu beantworten.**

Frage 1: ____________________

Rechnung: ____________________

Antwort: ____________________

Frage 2: ____________________

Rechnung: ____________________

Antwort: ____________________

Wer hat was?

① **Verbinde**

Verkäufer

Förster

Putzmann

Rennfahrer

Apothekerin

Postbote

Lehrerin

Musiker

Pferdewirtin

Bürokauffrau

② **Pantomime**

Spielt zu dritt oder zu viert. Mischt die Pantomimekarten gut durch und legt sie verdeckt auf einen Stapel. Legt die Bildkarten offen auf den Tisch.
Das erste Kind zieht eine Pantomimekarte und macht eine entsprechende Bewegung, ohne zu reden! Alle anderen versuchen, den Beruf zu erkennen und sich als Erstes ein passendes Bild zu schnappen. Wer am schnellsten war, darf seine Karte behalten. Nun zieht das nächste Kind eine Pantomimekarte.
Wer zum Schluss die meisten Bildkarten gesammelt hat, gewinnt.

Pantomimekarten

In einem Topf rühren. (Koch)	(Koch)	Eine Speise abschmecken. (Koch)	(Arzt)
Ein Loch bohren. (Tischler)	(Tischler)	Ein Brett sägen. (Tischler)	Jemanden abhorchen. (Arzt)
(Journalist)	Sich Notizen machen. (Journalist)	Ein Interview führen. (Journalist)	Einen Verband anlegen. (Arzt)
Den Verkehr regeln. (Polizist)	(Polizist)	Einen Dieb abführen. (Polizist)	Hühner füttern. (Bauer)
(Friseur)	Haare schneiden. (Friseur)	Haare fönen und kämmen. (Friseur)	(Bauer)
Ein Tor schießen. (Fußballer)	Einen Kopfball machen. (Fußballer)	(Fußballer)	Einen Stall ausmisten. (Bauer)

Pantomime-Bildkarten

Arbeitsorte

① **Ordne die Berufe den richtigen Arbeitsorten zu.**

Schule

Restaurant

Baustelle

Supermarkt

Krankenhaus

Flughafen

Koch, Pilotin, Krankenpfleger, Pizzabäcker, Fluglotse, Verkäuferin, Lehrerin, Maurer, Arzt, Klempnerin, Hausmeister, Kellner, Flugbegleiter, Zimmermann, Sekretärin, Marktleiter

② **Überlege.**

Wer wird zu jedem Ort gerufen? ______________________________

Welcher Beruf wird an ganz vielen Arbeitsorten gebraucht?

____

Arbeitskleidung

① **Schreibe die passenden Berufe in die Kästchen.**

② **Begründe, weshalb es diese Arbeitskleidung gibt.**

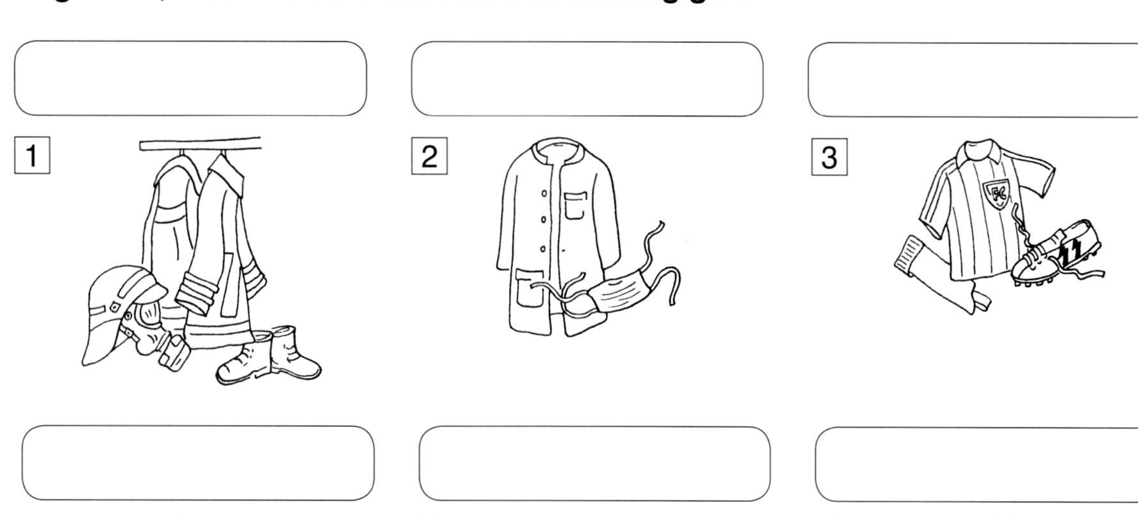

1 ____

2 ____

3 ____

4 ____

5 ____

6 ____

Berufe vergleichen

① **Vergleiche zwei Berufe, indem du die Unterschiede links und rechts und die Gemeinsamkeiten in die Mitte schreibst.**

Förster	Gemeinsamkeiten	Gärtner
• beobachtet Tiere • arbeitet im Wald	• arbeitet draußen • kümmert sich um Pflanzen	• berät Kunden • pflegt Gräber

Polizist

Feuerwehrmann

Lehrerin

Erzieherin

24 Stunden – 7 Tage die Woche

In manchen Berufen wird rund um die Uhr gearbeitet – auch nachts und am Wochenende. Selbst an Feiertagen wird hier gearbeitet.

① **Begründe, weshalb hier immer jemand arbeitet.**

Polizei

___

___

Feuerwehr

___

___

Krankenhaus

___

___

Taxi

___

___

② **Was ist für dich der wichtigste Beruf? Überlege, was passieren würde, wenn es diesen Beruf nicht gäbe.**

___

___

Dienstleister

Es gibt viele Berufe, in denen jemand etwas für andere Menschen tut. Diese Berufe heißen Dienstleistungsberufe. Dabei werden Kunden bedient und beraten. In einem solchen Beruf darf man nicht schüchtern sein und muss gern mit anderen Menschen zusammen sein.

① **Lies. Welche Berufe sind Dienstleister?** ______________________

____

Ich pflege und schütze den Wald.

Ich färbe, wasche und schneide Haare.

Ich bringe Post und Pakete.

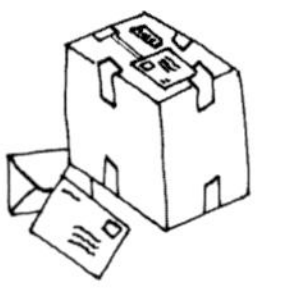

Ich mache Ausgrabungen und erforsche Dinos.

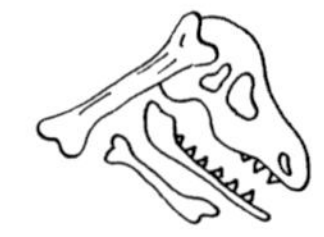

Ich schreibe Zeitungsartikel.

Ich helfe Menschen, wenn sie Kleidung kaufen möchten.

Ich bringe Speisen und Getränke an die Tische.

Ich male die Bilder für ein Buch.

② **Könntest du dir vorstellen, in einem Dienstleistungsberuf zu arbeiten? Begründe.**

____

③ **Was ist Trinkgeld?** ______________________

____

Hausfrau/Hausmann

Eine Hausfrau kümmert sich um alle Arbeiten, die im Haushalt und in der Familie anfallen. Früher waren fast alle Frauen Hausfrau, während der Mann das Geld verdiente. Heute werden die Arbeiten im Haushalt von Frauen und Männern erledigt. Eltern von kleinen Kindern entscheiden sich oft, eine Weile zu Hause zu bleiben. Dass dann jede Menge Arbeiten im Haushalt anfallen, weißt du sicher von deiner eigenen Familie.

① **Wer übernimmt in deiner Familie diese Arbeiten? Finde noch weitere Aufgaben, die im Haushalt anfallen.**

Aufgabe	macht ...
einkaufen	
Wäsche waschen	
Tisch decken	
kochen	
Müll rausbringen	
staubsaugen/ fegen	
Bad putzen	
Gartenarbeit	

Aufgabe	macht ...
Fenster putzen	
nähen	
aufräumen	
Auto waschen	

② **Überlege, ob Hausfrau/Hausmann ein „richtiger" Beruf ist. Was spricht dafür, was dagegen?**

Ja, es ist ein richtiger Beruf.

____

____

____

____

Nein, es ist kein richtiger Beruf.

____

____

____

____

Haushaltspass

Hilf im Haushalt. Lasse jede Aufgabe, die du erledigt hast, von deinen Eltern (Kürzel) unterschreiben. Am Ende bist du ein richtiger Haushaltsprofi und bekommst einen Stempel auf deinen Pass.

Zimmer aufräumen	______	Schuhe putzen	______
Brot/Brötchen kaufen	______	Knopf annähen	______
Waschbecken putzen	______	Tisch decken/abräumen	______
staubsaugen/fegen	______	etwas kochen	______
Handtücher waschen	______	spülen/Spülmaschine ausräumen	______
Socken nach dem Waschen sortieren	______	Bett überziehen	______
T-Shirt bügeln	______	Staub putzen	______

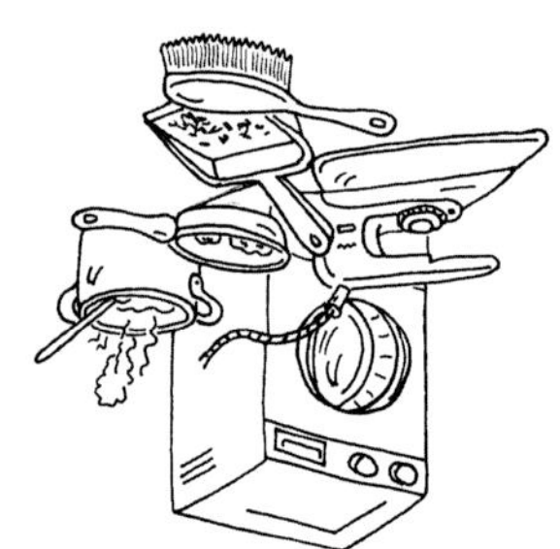

Haushaltspass

____

hat alle Aufgaben im Haushalt erfolgreich bewältigt.

Datum, Unterschrift der Lehrkraft

____

Viele Ärzte/Viele Ärztinnen

① **Welche Ärzte gibt es wirklich? Verbinde.**

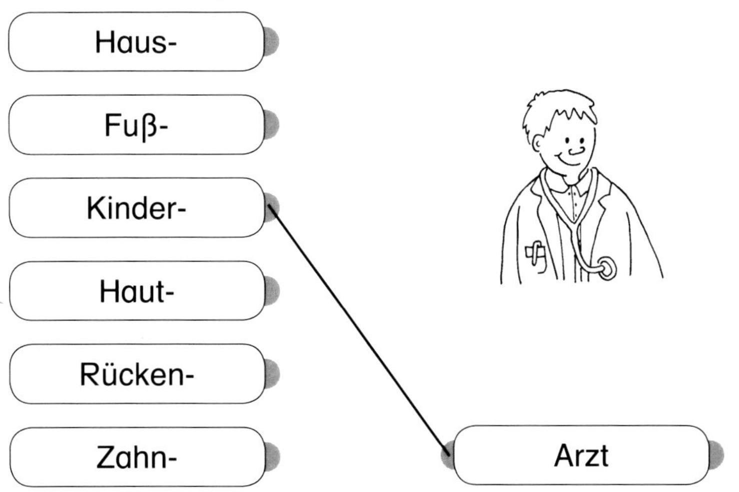

Haus-		Tier-
Fuß-		Männer-
Kinder-		Augen-
Haut-		Wohnungs-
Rücken-		Frauen-
Zahn-	Arzt	Sport-

② **Puzzle richtig zusammen.**

Ein **Psychiate** Krankheiten d Die Psyche si Gedanken und	jemand imme Ängste hat od Drogen nimm	ersuchen	Ein **Kardiolog** der sich auf H heiten spezial Er hat besond mit denen er
r behandelt ler Psyche. nd unsere d Gefühle.	r traurig ist, er t. 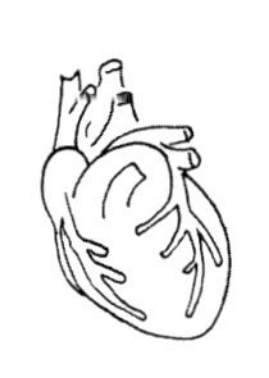	**e** ist ein Arzt, Herzkrank- isiert hat. lere Geräte,	Patienten unt kann.
e ist ein Arzt, geht, wenn e mit den Gelenken	Rückenschmer Sportverletzun	geschickte Hä haben.	Ein **Chirurg** is der große und Operationen d Dabei muss e
Ein **Orthopäd** zu dem man man Probleme Knochen und	rzen und gen.	nde 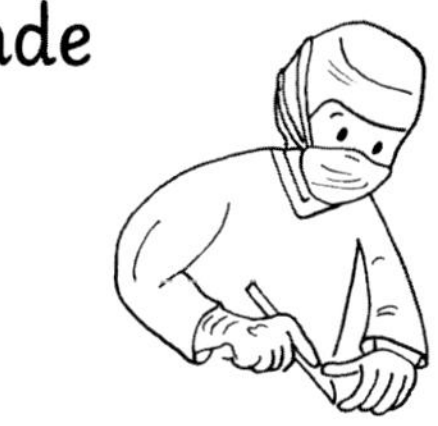	st ein Arzt, l kleine durchführt. r besondere

Interview mit einem Psychiater/einer Psychiaterin

① **Ordne den Antworten die richtige Frage zu.**

Frage 1: Warum sind Sie Psychiater geworden?

Frage 2: Was macht ein Psychiater?

Frage 3: Warum macht Ihnen der Beruf Spaß?

Frage 4: Wie wird man Psychiater?

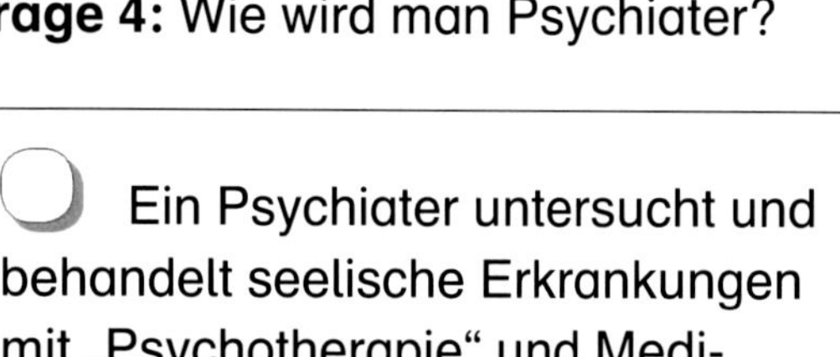

◯ Ein Psychiater untersucht und behandelt seelische Erkrankungen mit „Psychotherapie" und Medikamenten, damit es dem Patienten wieder besser geht.

◯ Ich habe an der Universität Medizin studiert. Danach habe ich schon als Arzt gearbeitet, aber immer noch weiter gelernt, wie ich psychische Erkrankungen behandeln kann. Nach einer weiteren Prüfung war ich dann Facharzt für Psychiatrie und Psychotherapie.

◯ Es macht Spaß, wenn ich Menschen helfen kann und ich lerne, sie besser zu verstehen. Es macht Spaß, in einem Team zu arbeiten und viele Menschen kennenzulernen.

◯ Es interessiert mich, wie Menschen denken und fühlen. Ich möchte Menschen verstehen, ihnen helfen und beistehen, wenn es ihnen nicht gut geht.

② **Kannst du in Gesichtern lesen? Schreibe, wie sich das Mädchen fühlt.**

__________ __________ __________ __________ __________

Tipp: Stecke morgens 5 Steinchen in deine linke Hosentasche. Immer, wenn du dich an diesem Tag besonders gut fühlst, lässt du ein Steinchen von der linken in die rechte Hosentasche wandern. Wenn du diese dann abends leerst, erinnerst du dich an die schönen Momente und kannst mit einem guten Gefühl einschlafen.

Wissenschaftler/Wissenschaftlerin

Wissenschaftler erforschen Dinge. Sie machen Beobachtungen und Versuche, tauschen untereinander Ergebnisse aus und leiten Untersuchungen. Manche entwickeln neue Medikamente, andere erforschen die Natur, wieder andere versuchen durch Ausgrabungen, Dinge über die Vergangenheit zu erfahren. Es gibt auch Forscher, die versuchen herauszufinden, wie man das Kaufverhalten von Kunden beeinflussen kann.

① **Ordne zu.**

Biologin	erforscht und entwickelt neue Medikamente
Pharmaforscher	beschäftigt sich mit Pflanzen und Tieren
Zukunftsforscherin	sucht in der Erde nach Dingen aus längst vergangenen Zeiten
Archäologe	beschäftigt sich mit Fragen zu zukünftigen Entwicklungen

② **Forsche selbst.**

Du brauchst: 1 Schüssel mit Wasser
1 Stück Knete

Forme die Knete zu einer Kugel und gib sie ins Wasser. Was passiert?

Versuche, die Knete so zu formen, dass sie auf der Wasseroberfläche schwimmt.

Du brauchst: 1 Glas kaltes Wasser
2 Gummibärchen

Stelle ein Gummibärchen neben das Glas und gib das zweite ins Wasser. Warte bis zum nächsten Tag. Was passiert?

Imker/Imkerin

Ein Imker züchtet Bienen, um Honig zu ernten. Er stellt Bienenstöcke auf, in denen sich Wachsplatten befinden. Auf diesen Platten bauen die Bienen ihre Waben. Sie sammeln Blütennektar und legen ihn in den Waben ab. Dann verschließen sie diese mit Wachsdeckeln, sodass der Honig darin reifen kann. Nach einiger Zeit nimmt der Imker die Wachsplatten heraus und gibt sie in eine Schleudermaschine. Hier werden die Waben so lange geschleudert, bis der ganze Honig herausgeflossen ist. Damit der Imker nicht gestochen wird, trägt er Schutzkleidung und beruhigt die Bienen mit Rauch. Imker verkaufen nicht nur Honig, sondern auch das Wachs, aus dem Kerzen und Kosmetik gemacht werden.

① **Unterstreiche im Text blau, was die Bienen tun und rot, was der Imker macht.**

② **Beschrifte.**

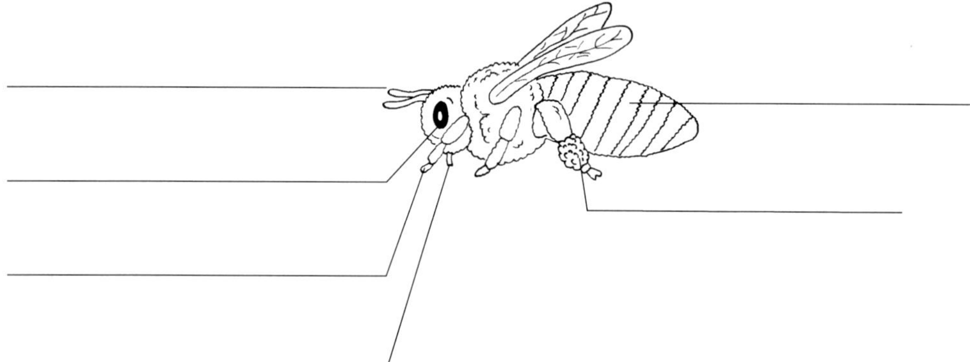

Rüssel, Bein, Flügel, Fühler, Facettenauge, Pollenhöschen

Honiglimo

1 Presse eine halbe Zitrone aus und rühre einen Esslöffel Honig hinein.

2 Fülle das Glas dann mit Mineralwasser.

Gärtner/Gärtnerin

Ein Gärtner züchtet und pflegt Pflanzen. Er sät, gießt, topft um und kümmert sich um Blumen, Sträucher und Bäume, bis sie groß genug für den Verkauf sind. Je nach Jahreszeit fallen unterschiedliche Arbeiten an. Manche Pflanzen wachsen draußen, andere im Gewächshaus. Der Gärtner berät seine Kunden bei der Gartengestaltung und hilft ihnen bei der Umsetzung ihrer Ideen. In einer Gärtnerei verkauft er nicht nur Pflanzen, sondern alles, was man zum Gärtnern braucht: Gartengeräte, Blumentöpfe, Balkonkästen, Pflanzensamen und vieles mehr.

① **Kreise alle Verben ein, die sagen, was der Gärtner macht.**

② **Überlege, warum im Laufe des Jahres unterschiedliche Arbeiten anfallen.**

Graskopf

Du brauchst:

- Nylonsocke
- Grassamen
- Schere
- torffreie Pflanzenerde
- 3 kleine Gummibänder
- Wackelaugen

1 Schneide den Fuß von der Socke ab. Halte ihn auf und fülle einen Esslöffel voll Grassamen hinein.

2 Gib Pflanzenerde dazu, forme einen Kopf und binde unten alles zu. Schneide ab, was übersteht.

3 Forme Nase und Ohren, indem du kleinere Erdklumpen herausziehst und sie mit einem Gummiband umwickelst.

4 Klebe die Wackelaugen auf.

5 Stelle den Kopf auf eine Untertasse, befeuchte sie gut mit Wasser und stelle sie auf die Fensterbank.

6 Gieße regelmäßig. Die Erde sollte immer feucht bleiben. Nach ein paar Tagen siehst du schon grüne Spitzen.

7 Sobald der Haarschopf gewachsen ist, kannst du ihn mit der Schere frisieren.

Feuerwehr

Die Aufgaben der Feuerwehr sind vielfältig. Den ganzen Tag und die ganze Nacht sind Feuerwehrleute in Einsatzbereitschaft. Es gibt die Berufsfeuerwehr, bei der die Feuerwehrmänner hauptberuflich arbeiten, und es gibt die freiwillige Feuerwehr. Hier haben die Feuerwehrmänner noch einen anderen Beruf und arbeiten ehrenamtlich.

① **Setze ein und löse das Rätsel.**

Die Feuerwehr ...

- ... löscht Haus- und __________ (1).
- ... rettet Menschen aus ________ (5).
- ... hilft auch ______ (6) in Not.
- ... baut Dämme aus Sandsäcken gegen __________ (10).
- ... räumt umgefallene Bäume von den _______ (7).
- ... befreit bei Unfällen eingeklemmte ________ (8).
- ... sichert bei Verkehrsunfällen die ____________ (3, 4) ab.
- ... streut Straßen ab, wenn Öl oder ______ (9) ausgelaufen ist.
- ... versucht Brandursachen ______________ (12).
- ... kontrolliert neue Gebäude auf _______________ (2).
- ... pumpt vollgelaufene ______ (11) leer.

Brandsicherheit, herauszufinden, Unfallstelle, Keller, Personen, Hochwasser, Benzin, Gefahren, Straßen, Tieren, Waldbrände

Lösung:

1	2	3	4

5	6	7	8

9	10	11	12

Tierpflegerin/Tierpfleger

① **Überlege, welche Aussagen richtig oder falsch sind.**
Trage den entsprechenden Buchstaben im Lösungssatz ein.

		Richtig	Falsch
1.	Die Tierpflegerin arbeitet im Zoo oder Tierpark.	S	T
2.	Sie füttert die Tiere und macht die Gehege sauber.	I	E
3.	Das Futter baut sie selbst an.	A	E
4.	Die Tierpflegerin muss viel über Tiere wissen: Was sie fressen, was sie zum Wohlfühlen brauchen und wie sie sich normalerweise verhalten.	M	N
5.	Sie muss auch ein Gehege bauen können: mauern, Scheiben einsetzen und Wasserbecken abdichten.	I	A
6.	Die Ausbildung zur Tierpflegerin dauert 3 Jahre.	G	F
7.	Die Tierpflegerin kümmert sich nur um harmlose Tiere.	R	T
8.	Sie beobachtet die Tiere jeden Tag, achtet auf ihr Verhalten und versorgt kleine Verletzungen.	I	O
9.	Bei großen Verletzungen operiert sie die Tiere.	N	E
10.	Sie verkauft Stofftiere im Zooladen.	S	R
11.	Manchmal muss sie auch nachts arbeiten.	E	T

Lösung:

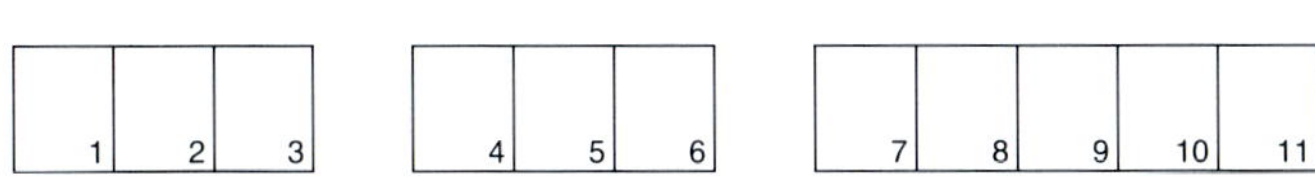

Filmlabyrinth

① **Male die Berufsfelder an, die etwas mit Film und Fernsehen zu tun haben.**

Kameramann
Kellnerin
Bauer
Psychologe
Anwältin
Glasbläser
Fischer
Richterin
Moderator
Schauspieler
Übersetzer
Nachrichten-sprecher
Schlosser
Hebamme
Maskenbildner
Florist
Köchin
Beleuchter
Produzent
Gebäudereiniger
Optikerin
Dirigent
Reporterin
Erzieher
Fluglotse
Regisseurin
Drehbuchschreiber
Steuerberaterin
Imkerin
Fensterputzer
Visagist
Winzer
Zugbegleiterin
Filmkritikerin
Tontechniker
Kulissenbauer
Eisverkäuferin
Dachdecker
Ärztin
Scmied
Lektor
Detektivin
Polizistin
Notar
Waldarbeiter
Konditorin
Schornsteinfeger

② **Suche dir einen Filmberuf aus und beschreibe ihn.**

③ **Forsche im Internet nach, was ein Visagist ist (z. B. www.fragfinn.de).**

④ **Sei dann selber einer.**

schön

hässlich

ein Tier

Arbeitslos

Wenn eine Firma nicht mehr genug verdient, verlieren viele Angestellte ihren Arbeitsplatz. Vor allem für ältere Menschen ist es dann schwer, einen neuen Job zu finden. Ebenso schwer haben es häufig Flüchtlinge. Aber auch junge Leute finden nicht immer einen Ausbildungsplatz. Wer keine Arbeit hat, wendet sich an die Bundesagentur für Arbeit. Hier bekommt er Hilfe und Tipps.

① **Zeichne die Mindmap auf ein großes Blatt und fülle sie aus.**

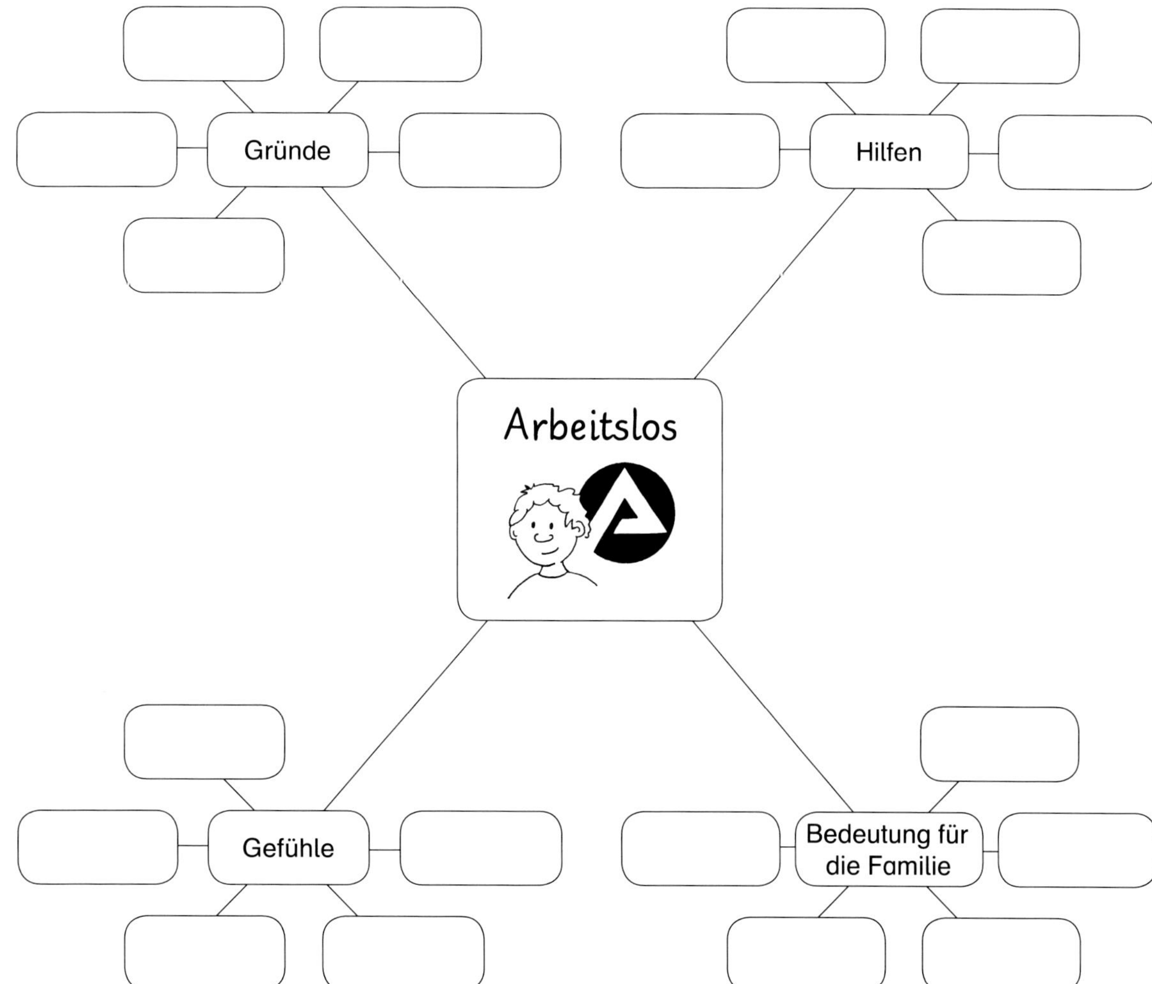

② **Kennst du jemanden, der schon mal arbeitslos war? Wie hat er sich gefühlt? Wie könntest du ihm helfen?**

Physiotherapeut/Physiotherapeutin

① **Setze die fehlenden Wörter ein.**

Ein Physiotherapeut kennt jeden Muskel, jeden ______________ und jedes Gelenk. Er kümmert sich um Menschen, die sich nicht mehr so gut ______________ können, weil sie z. B. Rücken- oder andere Gelenkschmerzen haben. Dies kann durch einen ______________, eine Krankheit oder das Alter passieren.
Der Physiotherapeut hilft durch gezielte Wärmebehandlungen und Massagen. Er zeigt seinen Patienten auch spezielle Übungen, mit denen sie ihre ______________ stärken und entspannen können. So werden sie wieder ______________ und haben weniger Schmerzen.

Knochen, bewegen, Unfall, Muskeln, gesund

② **Probiere ein paar Übungen aus.**

Lege den Kopf erst auf die rechte und dann auf die linke Schulter.

Schiebe deinen Kopf wie eine Schublade nach vorn und nach hinten.

Lege deine Hände in den Nacken, sodass sich deine Ellenbogen berühren. Schiebe diese nun nach oben, rechts und links.

③ **Beschrifte.**

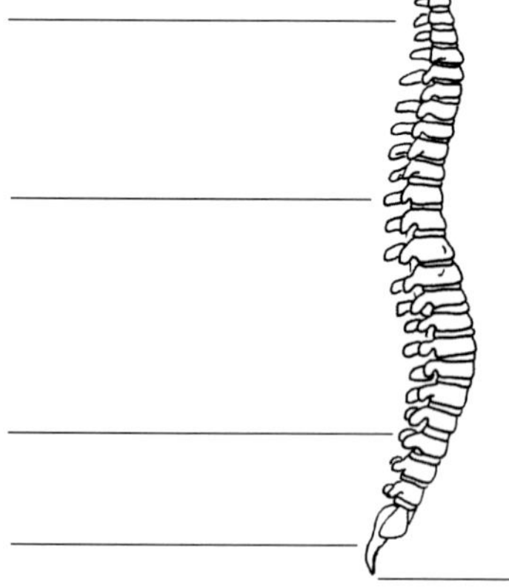

Halswirbel, Steißbein, Kreuzbein, Brustwirbel, Lendenwirbel

Playing cards

① **Cut out.**

② **Write the right words on the backside.**

doctor	teacher	policeman	pilot
singer	postman	busdriver	gardener
nurse	baker	fireman	car mechanic

Lösung: doctor – Arzt, teacher – Lehrer, policeman – Polizist, pilot – Pilot, singer – Sänger, postman – Briefträger, busdriver – Busfahrer, gardener – Gärtner, nurse – Krankenschwester, baker – Bäcker, fireman – Feuerwehrmann, car mechanic – Kfz-Mechaniker

Games

① **Take your cards.**

② **Play the games with your partner.**

Who is missing?

Legt die Karten offen auf den Tisch. Prägt sie euch ein.

Schließt nun abwechselnd die Augen und nehmt ein Bild weg.

Könnt ihr die fehlenden Berufe benennen?

Line game

Stellt einen Sichtschutz zwischen eure Plätze.

Ein Spieler legt nun 4 Karten in eine Reihe.

Er sagt nacheinander die Berufe seiner Karten.

Der Partner sucht die passende Karte in seinem Stapel und legt diese in dieser Reihenfolge vor sich.

Wenn alle Karten gelegt sind, vergleicht ihr und tauscht die Rollen.

Cube game

Nummeriert die Karten auf der Bildseite zweimal von 1 bis 6.

Legt sie offen auf den Tisch.

Nun wird abwechselnd gewürfelt und der entsprechende Beruf genannt.

Richtig? Dann dürft ihr eure Karte behalten.

Zum Schluss zählt ihr die Zahlen auf euren gesammelten Karten zusammen.

Wer hat das höhere Ergebnis?

At the airport

Piloten und Fluglotsen müssen gut Englisch können. Nur so können sie sich in den meisten Ländern verständigen. Auch am Flughafen und im Cockpit werden die wichtigsten Dinge auf Englisch gesprochen oder geschrieben.

① **Play with a partner.**

So geht's:
Einer ist Pilot, der andere ist Fluglotse. Der Pilot setzt seinen Bleistift auf das Flugzeug und schließt die Augen. Der Fluglotse führt ihn nun durch entsprechende Anweisungen zum Tower.

right → rechts	up → rauf	stop → Stopp
left → links	down → runter	
pilot → Pilot	air traffic controller → Fluglotse	

What do they want to be?

① **Trace the lines and write.**

Lucy Tom Peter Judy John Sally

Lucy wants to be a ________________.

________________ wants to be a ________________.

________________ wants to be a ________________.

________________ wants to be a ________________.

________________ wants to be a ________________.

________________ wants to be a ________________.

② **What does Jack like to be?**

He likes sports.

He likes to be in a team.

He likes to play football.

He wants to be a f_ _tb_l_ p_ay_ _.

Translate

Dolmetscher und Übersetzer beherrschen mindestens zwei Sprachen richtig gut. Ein Dolmetscher arbeitet mündlich. Mit seiner Hilfe kann sich z. B. ein Spanier mit einem Schweden unterhalten. Er ist ein Sprachmittler.

Ein Übersetzer übersetzt Geschriebenes in eine andere Sprache, z. B. Bücher, Verträge, Fachtexte oder Betriebsanleitungen. So können wir auch Bücher von chinesischen Autoren lesen.

Übersetze mit der Wörterliste diesen Text.
Erkennst du, wer hier von seinem Beruf erzählt?

1 I work with wood. I need a hammer and a saw. I am a lumberjack.

___

2 I am a builder.

___

3 I make chairs, tables and cupboards. I am a carpenter.

___

I am	→ Ich bin	chair	→ Stuhl	with	→ mit
I make	→ Ich mache	cupboard	→ Schrank	wood	→ Holz
I need	→ Ich brauche	hammer	→ Hammer	builder	→ Bauarbeiter
I work	→ Ich arbeite	saw	→ Säge	carpenter	→ Tischler
a	→ einen/eine	table	→ Tisch	lumberjack	→ Waldarbeiter
and	→ und				

Sänger/Sängerin

Viele träumen von einer Karriere als Sänger. Das gelingt aber nur wenigen Menschen. Es gibt verschiedene Sänger. Manche stehen auf der Bühne, andere bleiben lieber im Hintergrund. Popsänger kennst du aus dem Radio. Andere arbeiten als Opern- oder Musicalsänger. Sie müssen nicht nur singen, sondern auch tanzen und schauspielern können. Dann gibt es Chor- und Backgroundsänger. Diese begleiten einen Hauptsänger. Studiosänger sind an vielen verschiedenen Produktionen beteiligt. Sie singen z. B. für Werbespots, Radioeinspieler oder Kinder-CDs.

① **Begründe, weshalb jemand, der Sänger werden möchte, diese Dinge braucht.**

Selbstvertrauen | Glück | Talent

Geduld | Ehrgeiz

② **Bastle dir ein Mikrofon.**

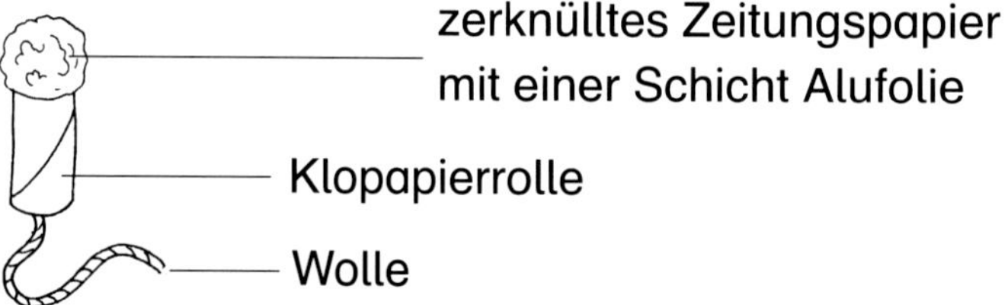

③ **Playbackshow**

Bestimmt eine Jury. Alle anderen üben allein, zu zweit oder in Gruppen ein Lied ein. Ihr müsst aber nicht selber singen, sondern nur passende Mundbewegungen und vielleicht Tanzschritte machen. Wer mag, kann sich für seinen Auftritt auch verkleiden.

Jedes Jurymitglied bekommt Karten mit den Ziffern 1 (gut) bis 5 (superklasse) und vergibt bei den Vorstellungen seine Punkte.

Wem gelingt der beste Auftritt mit der höchsten Punktzahl?

Tänzer/Tänzerin

Berufstänzer arbeiten in Theatern, Opern, Musicals oder auch bei Produktionen für Film und Fernsehen. Es gibt viele verschiedene Tanzformen. Manche Tänzer treten in Gruppen auf (Ensemble), andere allein (Solotänzer).

Ein Tänzer muss viel üben, um auch schwierige Bewegungen genau zu können. Er muss seinen Körper gut beherrschen und sich gut konzentrieren können.

Außerdem braucht er ein Gefühl für Musik.

Welche Arten von Tänzern gibt es?

____

____

____

____

____

Klebetanz

Suche dir einen Partner. Tanzt frei zur Musik. Dabei nennt ein Spielleiter immer einen Körperteil, an dem ihr beiden „zusammengeklebt" seid.

– linker Fuß, rechte Hand, Ohr, Bauch, Ellenbogen, rechte Hand mit linkem Fuß, …

Berufetanz

Sammelt Berufe mit 2 Silben, schreibt diese auf Kärtchen und schneidet die Silben auseinander. Mischt die Karten. Jedes Kind erhält nun eine Karte. Bewegt euch damit frei zur Musik.

Stoppt die Musik, suchen alle so schnell wie möglich ihren Partner.

Das Paar, das am längsten braucht, scheidet eine Runde aus.

Baustellen-Rap

Denkt euch passende Bewegungen aus und sprecht dazu im Rhythmus. Führt euren Rap dann vor.

Jetzt geht's los, passt mal auf,
der Baustellen-Rap nimmt seinen Lauf.

Der Bagger hebt die Grube aus,
der Fahrer sitzt im Führerhaus.

In den Mischer kommt der Sand,
für Beton, das ist bekannt.

Der Zimmermann ist auf dem Dach,
macht dort gerade ganz viel Krach.

Er sägt und haut die Nägel rein,
das Haus soll ja bald fertig sein.

Stein auf Stein die Wand entsteht,
der Maurer weiß genau, wie's geht.

Danach putzt er die Wände glatt,
damit's der Maler leichter hat.

Der Klempner schließt die Rohre an,
sodass das Wasser fließen kann.

So wird das Haus bald fertig sein,
dann können endlich Möbel rein.

Orchestermusiker/Orchestermusikerin

Orchestermusiker arbeiten im Theater, Musical, in der Oper oder in Film- und Fernsehproduktionen. Gemeinsam mit ihrem Dirigenten studieren sie Musikstücke ein und führen sie dann auf, entweder als Konzert oder als musikalische Begleitung von Bühnenstücken.

Ein Orchester besteht aus verschiedenen Instrumenten. Erst übt jeder Musiker für sich allein, dann mit seiner Instrumentenfamilie und zum Schluss mit allen gemeinsam. Fast alle Orchestermusiker fangen schon als Kind an, ihr Instrument zu erlernen.

① **Wie heißen diese Instrumente?**

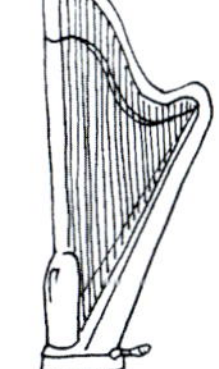
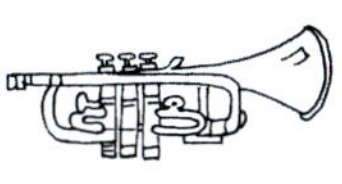

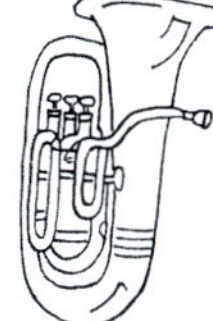

Harfe, Trompete, Trommel, Xylofon, Geige, Tuba

② **Dirigentenspiel**

Alle Kinder stellen sich im Kreis auf. Ein Spieler wird kurz vor die Tür geschickt. Die anderen wählen einen Dirigenten. Das Türkind kommt wieder herein und stellt sich in die Mitte des Kreises. Der Dirigent spielt nun pantomimisch ein Instrument und alle anderen Kinder spielen es nach.

Nach einer Weile wechselt der Dirigent das Instrument.

Schafft es das Kind in der Mitte, den Orchesterchef herauszufinden?

Songwriter/Songwriterin

Songwriter sind Musiker, die Liedtexte schreiben.
Manche singen ihre Stücke dann selbst,
andere schreiben für andere Sänger.

Wer will fleißige Handwerker seh'n?

① **Singt das bekannte Lied erst einmal gemeinsam. Im nächsten Durchgang wird dann ein Kind gewählt, das die Melodie nur noch summt, aber pantomimisch eine Bewegung zu seiner Strophe macht. Wer errät den Beruf?**

Wer will fleißige Handwerker seh'n,
der muss zu uns Kindern geh'n!
Stein auf Stein, Stein auf Stein,
das Häuschen wird bald fertig sein!

(…) O wie fein, o wie fein,
der Glaser setzt die Scheiben ein.

(…) Tauchet ein, tauchet ein,
der Maler streicht die Wände fein.

(…) Zisch und zisch, zisch und zisch,
der Tischler hobelt glatt den Tisch.

(…) Poch, poch, poch, poch, poch, poch,
der Schuster schustert zu das Loch.

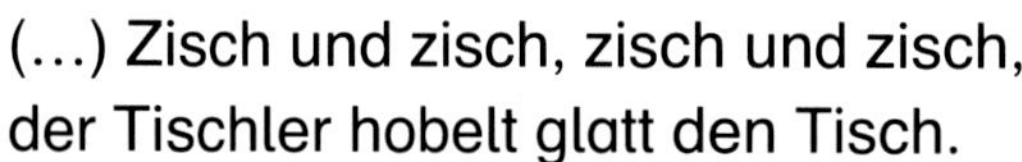

② **Erfinde nun wie ein Songwriter eigene Strophen für das Lied.**

Berufe rund um die Kirche (I)

① **Schreibe in jedes Feld einen dieser Berufe.**

Pastorin, Küster, Organistin, Diakon, Pfarrsekretärin, Bischof, Kantor, Gemeindereferentin, Papst

② **Schneide den Pfeil aus und befestige ihn mit einer Musterklammer in der Mitte.**

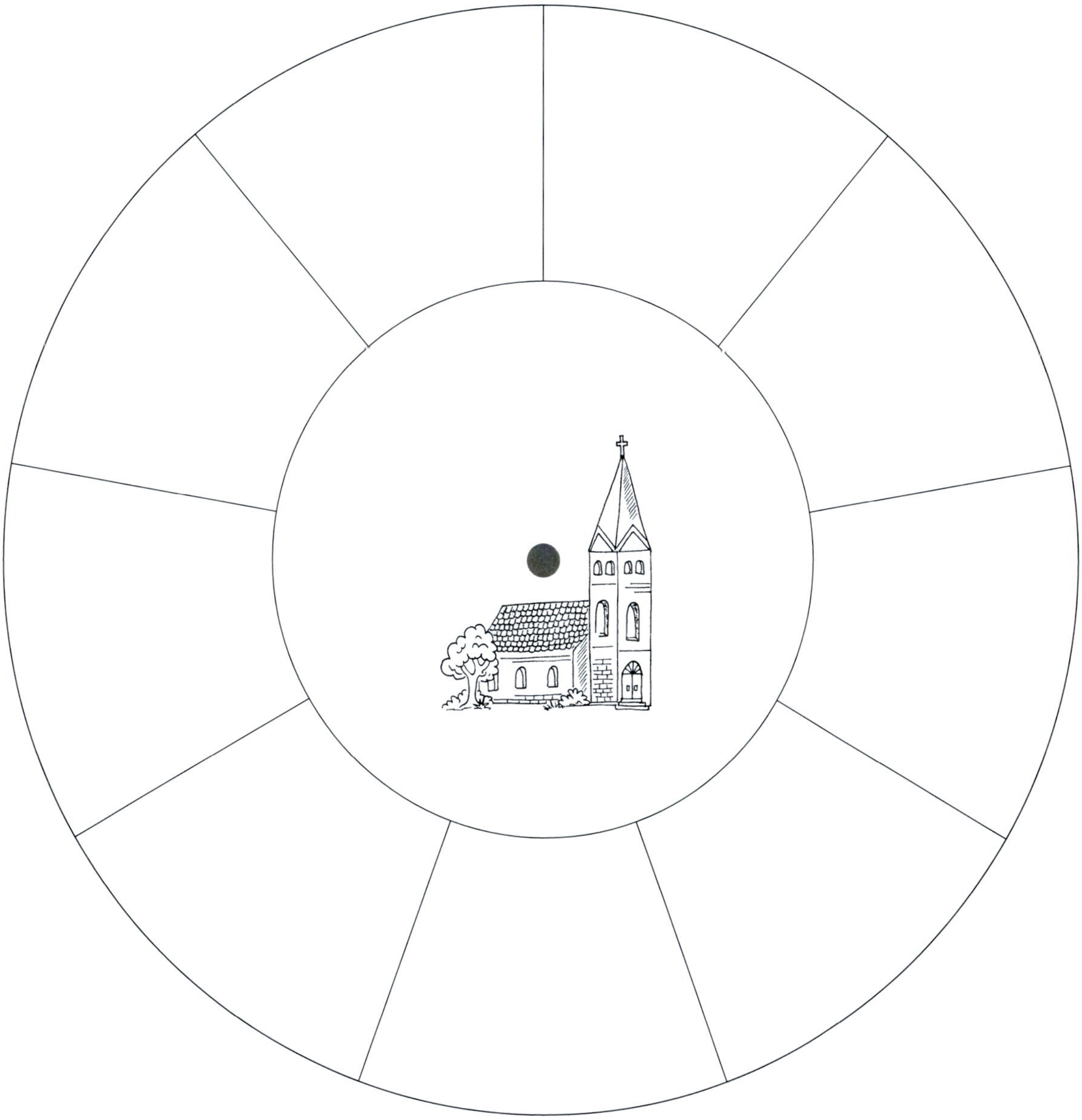

Berufe rund um die Kirche (II)

Suche dir einen Partner. Schneidet die Spielkarten aus und legt sie verdeckt auf den Tisch. Lest euch nun abwechselnd eine Karte vor und lasst euren Partner raten und den Pfeil der Drehscheibe auf das richtige Feld drehen. Richtig? Dann bekommt der Spieler einen Punkt. Falsch? Dann legt er die Karte verdeckt zurück.

Er leitet die Gottesdienste, richtet christliche Feste aus und gestaltet und leitet Beerdigungen, Taufen, Hochzeiten, Kommunion und Konfirmation.

(Pastor)

Er ist eine Art Kirchenhausmeister. Er bereitet die Messe vor. Dazu gehört das Heizen der Kirche, das Anzünden der Kerzen und vieles mehr.

(Küster)

Sie hilft bei der Verwaltung und Organisation im Pfarrbüro. Sie legt Akten an, wer wann getauft wurde, geheiratet hat usw.

(Pfarrsekretärin)

Er hilft dem Pastor in der Gemeinde.

(Diakon)

Er spielt die Orgel in der Kirche und begleitet die Gemeinde beim Singen der Kirchenlieder.

(Organist)

Er kümmert sich um die Kirchenmusik.
Oft ist er der Vorsänger im Gottesdienst und Leiter des Kirchenchors.

(Kantor)

Er predigt in großen Kirchen (einem Dom). Er übernimmt die Oberleitung über alle Kirchen in der Region.

(Bischof)

Er unterrichtet Kinder und Jugendliche über Religionsthemen. Außerdem arbeitet er als Seelsorger, z. B. im Krankenhaus oder Altenheim.

(Gemeindereferent)

Ihn gibt es nur in der katholischen Kirche.
Er lebt in Rom und ist das Oberhaupt, also der Chef aller katholischen Priester.

(Papst)

Berufe in der Bibel (I)

Gespielt wird zu dritt.

Mischt die Karten gut durch und verteilt sie gleichmäßig auf alle Spieler.
Wer schon ein Kartenpaar hat, darf dies ablegen.
Der jüngste Spieler beginnt.
Nun wird im Uhrzeigersinn immer eine Karte gezogen.
Dabei ist es das Ziel, möglichst viele Paare zu sammeln.

Berufe in der Bibel (II)

Bote C1	C2 Telefone, Internet, Zeitungen und Fernsehen gab es in damaliger Zeit noch nicht. Nachrichten wurden durch Boten verbreitet.	Fischer D1
D2 Fischer fuhren mit ihren Booten hinaus, um Fische zu fangen. Zu ihren Aufgaben gehörte auch das Reinigen und Reparieren der Netze.	Schreiber E1	E2 Da nur wenige Menschen schreiben konnten, war der Beruf des Schreibers sehr angesehen.
Sämann F1	F2 Der Sämann säte Getreide, indem er die Körner auf den vorbereiteten Feldern verteilte. Maschinen gab es damals noch nicht.	Hirte G1

Berufe in der Bibel (III)

G2	Zöllner H1	H2
Mit seiner Schafherde zog der Hirte von Weide zu Weide. Zu seiner Ausrüstung gehörten der Hirtenstab, die Provianttasche und eine Steinschleuder.		Zöllner waren Geldeintreiber. Wer Waren kaufte oder verkaufte, musste Zoll bezahlen. Wer ein Feld besaß, musste Steuern für die Ernte abgeben. Auch das Benutzen der Hauptstraßen kostete Geld.
Prophet I1	**I2**	**Zimmermann J1**
	Propheten verkündeten Botschaften von Gott. 	
J2	**Speisemeister K1**	**K2**
Ein Zimmermann verarbeitete Holz zu Möbeln, Werkzeugen und Gebrauchsgegenständen. Auch Josef war ein Zimmermann.		Speisemeister arbeiteten bei reichen Leuten. Sie kümmerten sich um die Organisation von Festen und regelten alles rund um das Festessen.

Biblische Berufsrätsel

① **Arbeite mit einem Partner. Nehmt euch eine Bibel. Sucht die Bibelstellen und findet heraus, welche Berufe dort vorkommen.**

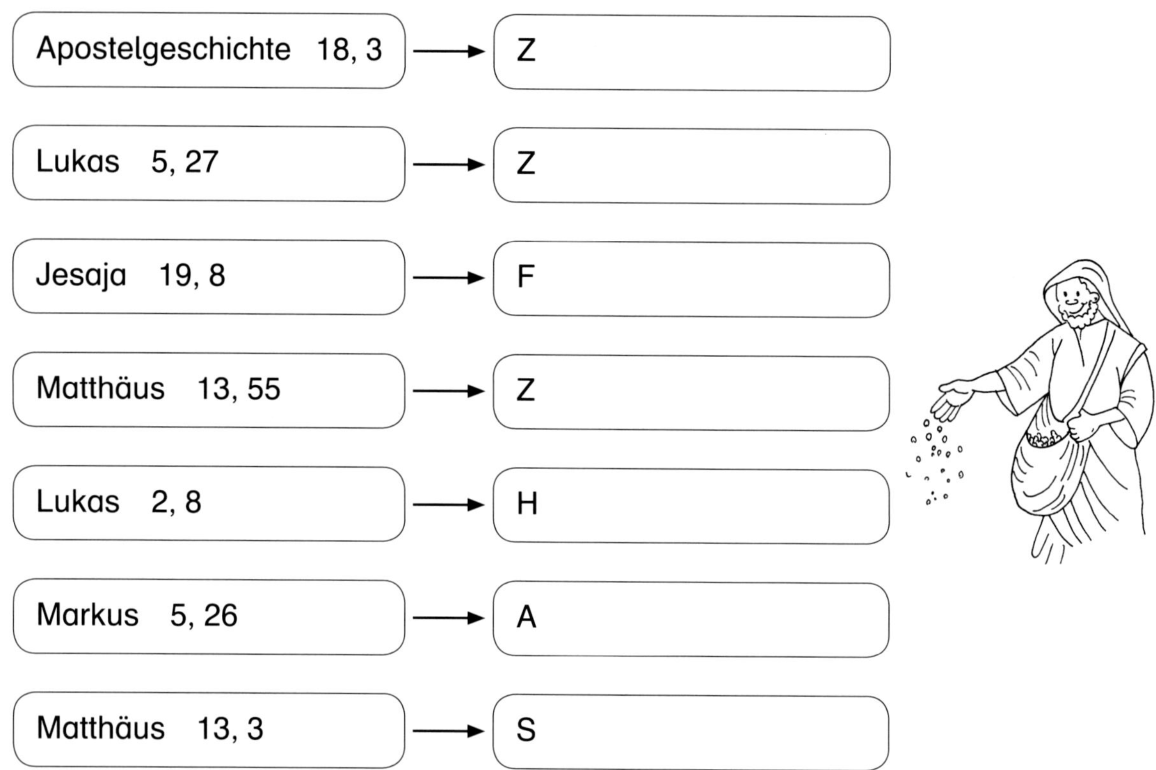

Bibelstelle		Beruf
Apostelgeschichte 18, 3	→	Z
Lukas 5, 27	→	Z
Jesaja 19, 8	→	F
Matthäus 13, 55	→	Z
Lukas 2, 8	→	H
Markus 5, 26	→	A
Matthäus 13, 3	→	S

② **Hier sind 13 biblische Berufe versteckt. Kreise sie ein.**

PROPHETALSMZÖLLNERPRSTUVKKSTATTHALTERZMALS
VMZELTMACHERRSTVHIRTEPDCHPRIESTERHGZFSREFRI
NARZTDULAZIMMERMANNNKDTSFISCHERDNOKÖNIGH
PRCBVIEHZÜCHTERLKSOLDATDTELKGNJDTZBAUERHDTE

③ **Finde heraus.**

Welchen Beruf erlernte Jesus von seinem Vater?

____

Wie heißt ein Lehrer auf Aramäisch (Sprache Jesu)?

____

Friseurin/Friseur

Eine Friseurin wäscht, schneidet, färbt, rasiert und föhnt Haare. Wer Locken möchte, bekommt eine Dauerwelle. Die Friseurin kann auch Haare verlängern, indem sie künstliche Haare an die echten anbringt.

Für besondere Anlässe zaubert sie auf Wunsch hübsche Hochsteckfrisuren. Oft berät sie ihre Kunden, welche Frisur, welcher Schnitt und welche Farbe gut zu ihnen passen.

① **Zopf flechten**

1 Klebe 3 dicke Wollfäden mit einem Streifen Klebeband am Tisch fest.

2 Fange mit dem linken Faden an und lege ihn in die Mitte. Dann legst du den rechten Faden in die Mitte, dann wieder den Linken und so geht es abwechselnd immer weiter.

3 Mache am Ende des Zopfes einen Knoten und verknote auch das obere Ende.

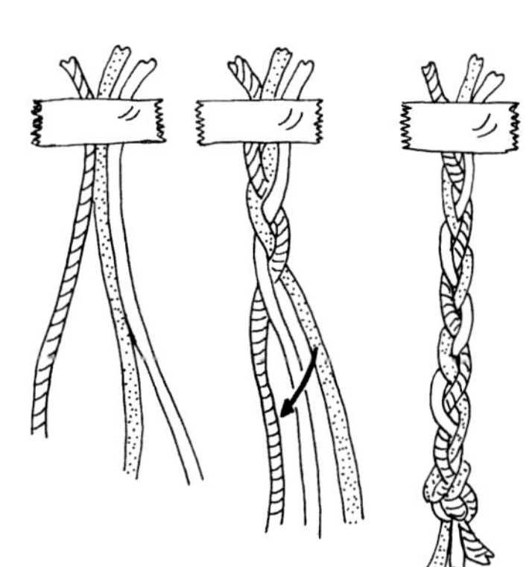

② **Eine Perücke basteln**

1 Schneide etwa 40 cm lange Wollfäden ab. Je nach Stärke der Wolle brauchst du 20–30 Fäden.

2 Lege sie nebeneinander und knote sie in der Mitte zusammen.

3 Klebe diese Haare am Knotenpunkt an einem Holzkochlöffel fest.

4 Gestalte nun eine Frisur. Du kannst die Haare flechten, zu einem Zopf binden, sie kurz schneiden oder einen Pony machen. Du kannst die Wolle auch auseinanderzwirbeln, damit es Locken gibt.

5 Zum Schluss malst du noch ein Gesicht auf den Löffel.

Feuerwehrhelm

Der Feuerwehrhelm gehört zur Ausrüstung jedes Feuerwehrmanns. Er schützt vor den Flammen und der Hitze. Er fängt Stöße ab und schützt vor herabfallenden oder herumfliegenden Gegenständen. Durch das herunterklappbare Visier kann den Augen nichts passieren. Die reflektierenden Elemente sorgen dafür, dass die Feuerwehrleute bei jedem Wetter gut gesehen werden. An modernen Helmen können eine Taschenlampe und das Funkgerät angebracht werden.

Bastle einen Feuerwehrhelm.

Du brauchst:

- 1 Luftballon (nicht zu klein)
- Zeitungspapier
- Tapetenkleister
- graues Tonpapier (DIN A4)
- Klebstoff
- 2 Musterklammern
- etwas Alufolie
- schwarzer Filz
- Schere
- rotes Papier
- Gummiband

1 Bildet Paare. Blast den Luftballon kopfgroß auf und beklebt ihn mit Zeitungspapierschnipseln und Tapetenkleister, sodass der ganze Luftballon bedeckt ist. Damit der Helm stabil wird, müsst ihr mehrere Papierschnipselschichten anbringen. Die letzte Schicht besteht aus Schnipseln aus dem roten Papier. Streicht die Schnipsel mit Kleister schön glatt. Nun muss alles gut trocknen.

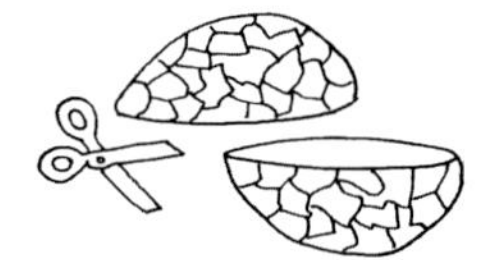

2 Macht den Luftballon kaputt. So bleibt nur die Papierhülle übrig. Halbiert diese, sodass jedes Kind nun seinen eigenen Helm basteln kann.

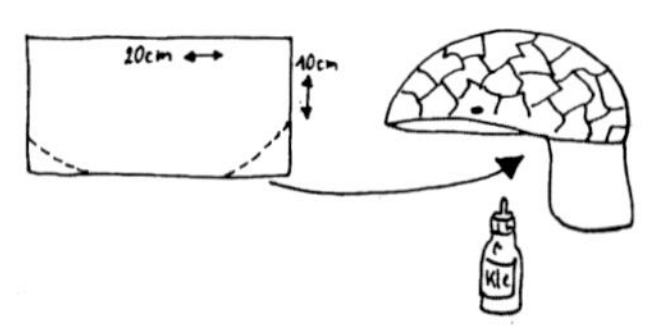

3 Schneide ein etwa 10 × 20 cm großes Filzstück aus und runde die beiden unteren Ecken ab. Dieses Filzstück wird nun als Nackenschild von innen in den Helm geklebt.

4 Halbiere das Tonpapier der Länge nach und runde 2 Ecken ab.

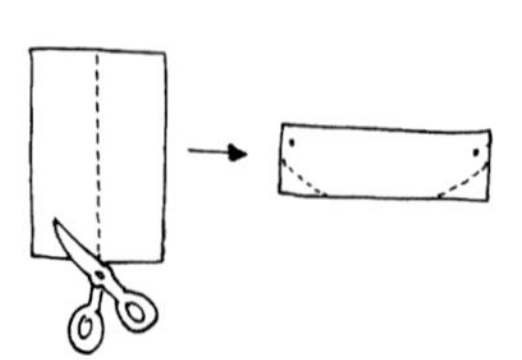

5 Lass dir von einen Erwachsenen Löcher in deinen Helm und das Papierstück stechen und befestige das Visier mit den beiden Musterklammern am Helm.

6 Schneide schmale Streifen aus Alufolie und beklebe deinen Helm damit. Befestige außerdem noch ein Gummiband, damit der Helm nicht herunterfällt.

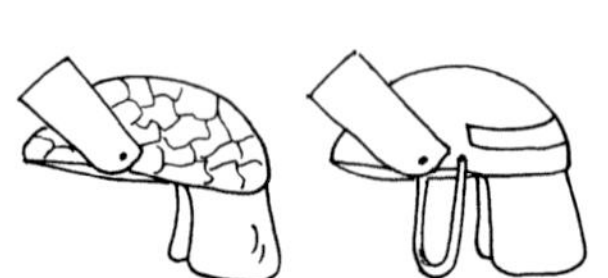

Politiker/Politikerin

Politiker sind die Vertreter der Menschen, die in einer Stadt oder in einem Land leben. Sie werden von den Menschen gewählt, damit sie deren Interessen vertreten.
Die Politiker beschließen dann Gesetze und treffen Entscheidungen. Das ist so ähnlich wie der Schülerrat in der Schule: In den Klassen werden die Klassensprecher als Vertreter der Klasse gewählt. Alle Klassensprecher zusammen bilden den Schülerrat. Der Schülerrat trifft dann Entscheidungen, die für die ganze Schule gelten.

Politiker machen mit Wahlplakaten auf sich aufmerksam.

Bastele ein Wahlplakat.

1 Denke dir einen Namen für dich als Politiker aus.

2 Überlege dir, was du als Politiker verändern möchtest.
Soll der Unterricht in deiner Schule erst um neun beginnen?
Soll es in der Pause Eis geben?

3 Kennst du schon eine Partei? Wie könnte deine Partei heißen?

4 Du kannst dein Plakat auch bunt bemalen und bekleben.

Maler/Malerin

Ein Maler kennt sich bestens mit Farben aus.
Er streicht Decken, Böden, Wände und Häuserfassaden.
Er tapeziert und lackiert. Oft dient seine Arbeit der Verschönerung, aber er streicht auch Dinge, um sie zu schützen: Metall vor Rost und Holz vor Verwitterung.
Bevor die Flächen gestrichen oder tapeziert werden, bereitet er den Untergrund vor.

① **Kennst du dich mit Mischfarben aus? Was ergibt ... ?**

Blau mit Gelb	________________	Schwarz mit Weiß	________________
Rot mit Grün	________________	Gelb mit Rot	________________
Schwarz mit Rot	________________	Blau mit Rot	________________

② **Tapezieren**

1 Mische dir mit Wasserfarbe eine Farbe, die dir gut gefällt und färbe damit ein Stück Raufasertapete ein. Lasse es gut trocknen. Schneide die Tapete dann in 6 cm breite Streifen.

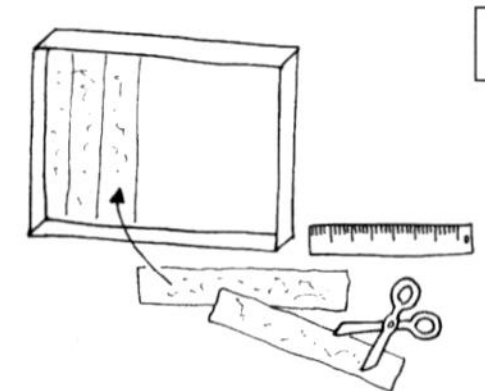

2 Tapeziere mit diesen Streifen die Innenseite eines Schuhkartondeckels. Dabei musst du deine Tapetenbahnen genau ausmessen und zurechtschneiden.

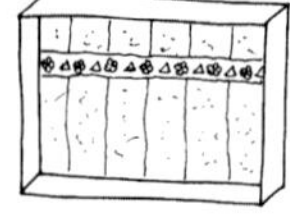

3 Ist die Fläche fertig, schneidest du aus Papier einen schmalen Streifen und gestaltest eine schöne Tapetenborte. Du kannst Muster aufzeichnen, den Streifen bestempeln oder ausgeschnittene Formen aufkleben. Klebe die Borte auf deine Tapetenwand.

Malerrollen-Massage

Verwöhnt euch zwischendurch mit einer Massage.
Probiert unterschiedliche Malerrollen aus.

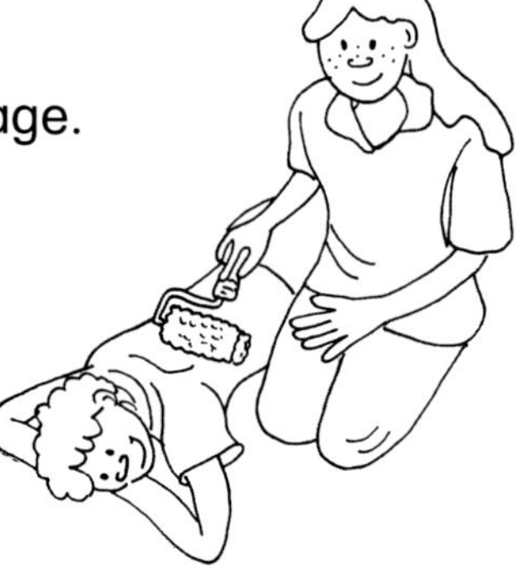

Floristin/Florist

Eine Floristin kennt sich bestens mit Blumen und Pflanzen aus. Sie bindet bunte Blumensträuße, Advents- oder Trauerkränze und Gestecke.

Auch bepflanzt sie Schalen und Blumentöpfe, die sie dann kreativ dekoriert. Je nach Wunsch des Kunden oder Anlass verwendet sie unterschiedliche Blumen und Farben.

Blumengesteck

1 Male mehrere Holzstäbchen grün an. Schneide aus Tonpapier verschiedene Blüten und Blätter aus. Dabei brauchst du jede Form 2×. Male die Blüten schön an.

2 Klebe die beiden gleichen Formen nun mit einem Holzstäbchen dazwischen aufeinander.

3 Rühre so viel Sand in etwas Tapetenkleister, dass ein fester Brei entsteht. Fülle diesen in einen kleinen Tontopf und stecke deine Blumen hinein. Besonders hübsch wird dein Gesteck, wenn du die Holzstiele in unterschiedlichen Längen abschneidest.

Herzblume

1 Schneide buntes Papier zu einem 9 × 9 cm, einem 8 × 8 cm und einem 7 × 7 cm großen Quadrat zu.

2 Falte das erste Quadrat:

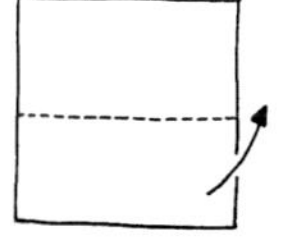
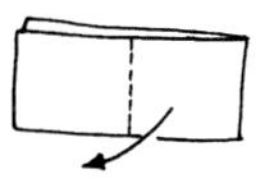

3 Schneide einen Bogen heraus und falte es auf:

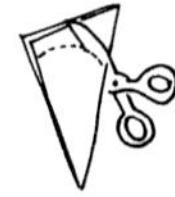
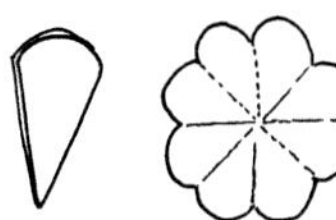

4 Mache es mit den anderen Quadraten genauso. Stecke nun vorsichtig ein Holzstäbchen durch die Mitte deiner drei Blüten und klebe eine Holzperle fest. Falls die Blüten nach unten rutschen, kannst du einen kurzen Klebestreifen um den Holzstab wickeln.

Modedesigner/Modedesignerin

Modedesigner entwerfen Kleidung. Erst zeichnen sie ihre Ideen auf und entwickeln diese dann weiter.
Sie schlagen Stoffe vor und lassen ein Modellstück anfertigen. Kommt dieses Modell auf Modenschauen gut an, wird es für viele Kleidungsgeschäfte produziert.
Ein Modedesigner muss kreativ sein, sich aber auch an der aktuellen Mode und an Trends orientieren.

① **Werde selbst kreativ und entwirf ein Kleidungsstück aus Müllsäcken.**

Zeichne erst eine Skizze, bevor du loslegst.

Du kannst den Müllsack …

… mit Papier oder Stoff bekleben.
… in Form schneiden.
… mit Bändern zusammenbinden.
… mit Permanentmarker bemalen.
… mit Knöpfen oder Spitze bekleben.

Du kannst auch Fransen schneiden oder Ärmel aus einem zweiten Müllsack antackern.

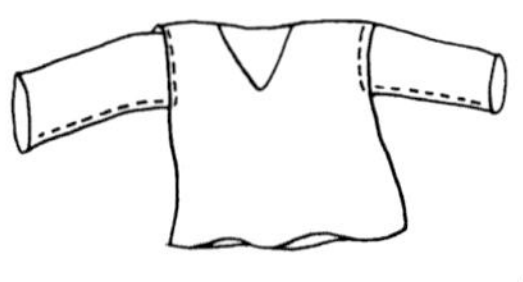

② **Führt eure Stücke auf einer Klassen-Modenschau vor. Sucht dazu passende Musik aus, und stellt die Tische zu einem Laufsteg zusammen. Statt Modenschau könnt ihr auch einen Klassen-Modekatalog zusammenstellen. Fotografiert euch hierfür an verschiedenen Orten.**

Physiotherapeut/Physiotherapeutin

Einstieg

Muskelspiele

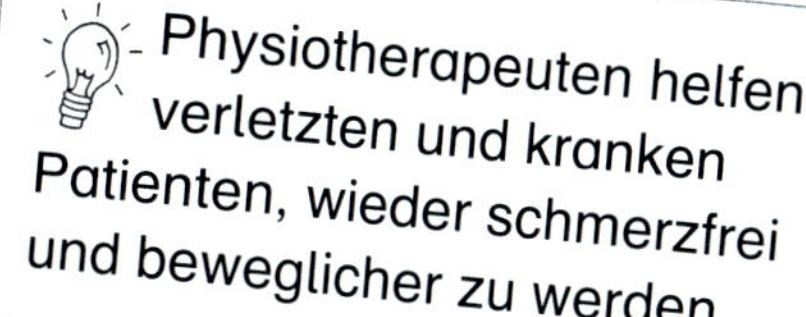

Die Kinder versammeln sich im Kreis und spannen nun nacheinander verschiedene Körperteile für etwa 10 Sekunden an. Dabei gibt die Lehrkraft folgende Vorstellungshilfen:

- Hand (einen Schwamm ausdrücken)
- Arm (einen Muskelmann spielen)
- Schultern (Geste „Keine Ahnung“)
- Beine (Beine sind eingegipst)
- Bauch (die Hose ist zu eng/Bauch einziehen)
- ganzer Körper (zum Eiszapfen erstarren)

Hauptteil

Auf zur Praxis

An einer Hallenseite werden Matten ausgelegt. Die Kinder finden sich zu Paaren zusammen. Je ein Kind (der Physiotherapeut) bleibt auf der Matte. Die anderen Kinder laufen zu Musik kreuz und quer durch die Halle. Stoppt die Musik, nennt die Lehrkraft ein Körperteil, das sich nun „versteift“ und nicht mehr bewegt werden darf (rechtes/linkes Knie, Schultern, Kopfgelenk, ...). So gehandicapt begeben sich die „Kranken“ nun zu ihrem Physiotherapeuten und legen sich zu einer „Behandlung“ auf die Matte. Dabei kann massiert oder vorsichtig bewegt werden (evtl. Bewegungen/Massagen vorgeben). Setzt die Musik wieder ein, laufen die „Geheilten“ wieder los. Nach einer Weile werden die Rollen getauscht.

Rückenschule

Folgende Übungen werden je 10× langsam ausgeführt:

- In den Vierfüßlerstand – seitenverkehrt einen Arm und ein Bein ausstrecken (erst rechts, dann links).
- In den Vierfüßlerstand – abwechselnd einen Katzenbuckel und ein Hohlkreuz machen.
- Stehend die Arme nach oben nehmen und dann langsam bis zum Boden führen.
- Mit gespreizten Beinen hinstellen, Hände in die Taille legen und mit dem Becken kreisen.

Massagebank

Die Kinder bilden 3er-Gruppen. Zwei gehen eng aneinander in den Vierfüßlerstand und bilden so eine Bank. Das 3. Kind legt sich nun vorsichtig auf die Rücken seiner Mitschüler. Diese bewegen leicht ihre Rücken, sodass das liegende Kind „massiert“ wird.

Schluss

Fangobehandlung

Die Kinder bilden Paare. Ein Kind legt sich auf den Boden. Das andere kniet sich daneben und reibt seine Hände, bis diese schön warm sind. Nun legt es die Hände für etwa 20 Sekunden behutsam auf verschiedene Körperstellen seines Partners.

Fußballprofi

Einstieg

Balldieb

Ein Kind wird als Balldieb bestimmt. Alle anderen laufen mit einem Ball (möglichst eng am Fuß) durch die Halle. Der Dieb versucht nun, seinen Mitschülern ihren Ball mit dem Fuß abzuluchsen. Wer seinen Ball dadurch verliert, sammelt ihn ein, legt ihn unter die Bank und wird nun selbst zum Dieb.

Wer kann seinen Ball am längsten gegen alle Diebe verteidigen?

Fußballprofis beginnen schon früh mit dem Training. Für die großen Vereine halten Talentspäher Ausschau nach besonders begabten Kindern.

Hauptteil

Kegelfußball

Es werden 2 Mannschaften gebildet. Jede Mannschaft verteilt sich in einer Hälfte eines Volleyballfeldes. Auf die beiden Grundlinien des Feldes werden jeweils 10 Kegel gestellt. Nun versuchen die Spieler, die Kegel der gegnerischen Mannschaft umzuschießen. Dabei sind nur Bodenschüsse erlaubt und die Kinder dürfen sich nur in ihrer eigenen Spielfeldhälfte bewegen. Gegnerische Bälle dürfen nur mit dem Fuß abgewehrt werden. Das Team, das zuerst alle Kegel umgeschossen hat, gewinnt.

Würfelfußball

Die beiden Mannschaften bleiben bestehen und es wird wieder im Volleyballfeld gespielt. An den Grundlinien stehen jeweils 2 aufgestellte Kastenteile als Tore. Nun wird mit einem großen Schaumstoffwürfel Fußball gespielt. Trifft der Würfel das Tor, so zählen die Punkte, die oben liegen. Die Mannschaft mit den meisten Punkten gewinnt. Um das Spiel noch spannender zu machen, kann man auch 2 oder 3 Würfel benutzen.

Dribbeltraining

Auf dem Hallenboden werden Reifen verteilt. Jedes Kind bekommt einen Ball und dribbelt nun kreuz und quer durch die Turnhalle. Erfolgt ein Pfiff, laufen alle schnell mit ihrem Ball am Fuß in einen Reifen. Die zwei Kinder, die am längsten brauchen, müssen eine Runde auf die Bank.

Schluss

Rundes Feld

Alle Kinder stehen im Kreis und halten sich an den Händen fest. Ein Kind bekommt einen Softball und versucht, diesen nun aus dem Kreis herauszuschießen. Alle anderen Kinder versuchen, dies durch schnelle Reaktion mit dem Fuß zu verhindern. Dabei dürfen sie ihren Platz aber nicht verlassen. Es sind nur Bodenschüsse erlaubt.

Zeitungszusteller/Zeitungszustellerin

Einstieg

Hausnummernsuche

Der Anzahl der Kinder entsprechend werden verdeckt Karten mit den Ziffern von 1 bis 4 auf den Bänken verteilt. Dann werden 4 Mannschaften gebildet, die sich dann an der den Bänken gegenüberliegenden Linie aufstellen.

> Ein Zeitungszusteller muss sehr früh aufstehen. Schließlich sollen die Zeitungen schon in den Briefkästen stecken, wenn die Leser in den Tag starten.

Auf ein Startsignal flitzt nun aus jeder Gruppe ein Spieler los, um nach einer Karte mit der „Hausnummer" seiner Mannschaft zu suchen. Dabei darf er nur eine Karte umdrehen. Hat er die richtige Hausnummer erwischt, legt er die Karte und sein Zeitungsblatt unter die Bank und läuft so schnell er kann zurück, damit das nächste Kind aus seiner Gruppe loslaufen kann. Ist die Nummer falsch, legt er sie verdeckt zurück. Welches Team hat zuerst alle Zeitungen ausgeliefert?

Hauptteil

Auf zur Praxis

Die 4 Mannschaften bleiben bestehen. An einer Hallenlinie werden 4 umgedrehte Kästen aufgestellt. Die Mannschaften versammeln sich auf der gegenüberliegenden Linie.

Jede Mannschaft bekommt gleich viele Zeitungsseiten. Diese Seiten müssen nun einzeln zu den Kästen transportiert werden. Dabei darf aber immer nur eine Seite unterwegs sein. Für den Transport sind nur die drei folgenden Möglichkeiten erlaubt: auf den Boden legen und mit den Füßen weiterschieben, vor den Bauch legen und schnell laufen (die Hände dürfen nicht benutzt werden), zwischen zwei Kinder klemmen. Fällt die Zeitung beim Transport herunter, muss man von vorne starten. Das Team, das zuerst alle Zeitungen ausgeliefert hat, gewinnt.

Fitnesstraining für Zeitungsboten

Jedes Kind legt ein Zeitungsblatt vor sich und führt folgende Übungen durch:

- Die Zeitung umlaufen (vorwärts/rückwärts), auf einem Bein umhüpfen.
- Eine Hand auf die Zeitung stützen und um die Zeitung herumlaufen.
- Die Zeitung beidbeinig und dann aus der Hocke überspringen.
- Über der Zeitung in den Vierfüßerstand gehen, dann mit den Beinen nach rechts und links hüpfen.

Achtung Hund

Es werden 3 Zeitungsausträger und 2 Hunde bestimmt. Jeder Zeitungsbote bekommt einen Stapel Zeitungsblätter. Alle anderen setzen sich zu zweit mit den Füßen aneinander auf den Boden und bilden so ein Haus. In jedes Haus soll ein Zeitungsblatt. Schaffen die Zeitungsboten das, bevor sie von den Hunden geschnappt werden? Wer nicht mehr kann, tauscht mit einem sitzenden Kind die Rolle. Während dieses Wechsels darf sich kein Hund nähern.

Schluss

Wanderzeitung

Alle Kinder sitzen im Kreis. Nun soll eine Zeitungsseite reihum weitergegeben werden. Allerdings nicht mit den Händen, sondern mit den Füßen. Ziel ist es, eine Runde zu schaffen, ohne dass die Zeitung herunterfällt.

Polizei

Einstieg

Verkehrspolizei

Es werden 6 bis 8 Verkehrspolizisten bestimmt. Diese verteilen sich entlang der Hallenlinien. Die anderen Kinder bauen sich zu zweit ein Auto. Hierfür legen sie einen kleinen Kasten mit der Lederseite auf ein Rollbrett. Ein Kind steigt in das Auto und wird von seinem Partner auf den Straßen (Hallenlinien) geschoben.

> Die Polizei kontrolliert und regelt den Verkehr, ist bei Unfällen zur Stelle, schlichtet Streit, klärt Verbrechen auf und nimmt Menschen fest, die sich nicht an die Gesetze halten.

Treffen sie auf einen Polizisten, darf dieser das Auto stoppen (ausgestreckte Arme) oder vorbeilassen (ein Arm nach oben, ein Arm nach unten).

Hauptteil

Schnapp den Dieb

Überall in der Halle werden Bänder verteilt. Ein umgedrehter Kasten steht in der Mitte. Nun werden 4 oder 5 Polizisten bestimmt. Alle anderen Kinder sind Diebe und versuchen, die Bänder zu klauen, d. h. in den Kasten zu bringen. Dabei dürfen sie immer nur ein Band aufheben. Werden sie von einem Polizisten erwischt, nimmt dieser das Band an sich. Nach einer Weile wird das Spiel gestoppt. Haben die Diebe mehr Bänder gestohlen als die Polizei retten konnte?

Schießtraining

Auf die Bänke werden 20 Plastikbecher in 2 Farben aufgestellt. Entsprechend der Becherfarben werden 2 Mannschaften gebildet. Jedes Kind bekommt einen Tennisball und stellt sich in 10 m Abstand zu den Bänken auf. Auf ein Startsignal versuchen die Polizisten nun möglichst viele Becher ihrer Farbe durch Werfen von der Bank zu „schießen“. Der Ball darf nicht wiedergeholt werden.

Abgeführt

Jedes Kind sucht sich einen Partner. Ein Kind ist der Polizist, sein Partner der Dieb. Der Dieb befestigt nun mehrere Wäscheklammern an seiner Kleidung und läuft weg. Der Polizist versucht, dem Dieb diese wieder abzunehmen. Hat er alle Wäscheklammern beschlagnahmt, führt er den Räuber zur Polizeistation (Bank). Statt Handschellen klammert er die T-Shirt-Ärmel vom Dieb mit einer Wäscheklammer aneinander. Diese darf sich auf dem Weg nicht lösen, sonst ist das Spiel für beide vorbei. Schaffen sie es bis zur Polizeistation, werden die Rollen getauscht.

Schluss

Kommissar Rex

Die Kinder sitzen im Kreis. Ein Kind sitzt als Kommissar in der Mitte. Eine Polizeimütze wird ihm so ins Gesicht gezogen, dass er nichts mehr sehen kann.
Die Lehrkraft tippt nun 4 Schüler an, die heimlich ihre Plätze tauschen.
Erråt Kommissar Rex, wer einen neuen Platz hat?

Lösungen

Deutsch

Wer spricht hier? Seite 14

Schaffner, Bademeister, Kinderärztin

Berufsnamen für Frauen und Männer Seite 21

Frauenberufe enden meist auf „in“

Puzzleberufe: Krankenschwester / Putzfrau

Arbeiten wie eine Lektorin/ein Lektor Seite 23

Dachdecker: Beginne die Sätze nicht immer mit „Der Dachdecker“.

Verkäuferin: Benutze nicht immer das Verb „kann“.

Detektivtraining Seite 24

1 Eine festgelegte Ausbildung zum Detektiv gibt es nicht.

2 Häufig werden Menschen Detektiv, die vorher einen anderen Beruf hatten, z. B. Polizist, Soldat oder Anwalt.

3 Ein Detektiv muss Dinge schnell erkennen.

Lösungen

Mathematik

Arbeitszeiten — Seite 28

Das Schneiderstübchen hat 22 Stunden geöffnet.
Frau Bär arbeitet 4 Stunden alleine.
Lehrerin: 5 Stunden, Putzfrau: 3 Stunden, Bäcker: 8 Stunden, Nachtwächter: 9 Stunden

Lohntabelle (I) — Seite 29

1 Der Arzt verdient am meisten. Der Friseur verdient am wenigsten.
2 Journalist
3 Ja, Friseurin, Arzthelferin, Kassiererin
4 2.102 €
5 z. B. Hausmeister / Konditor
6 Familie Meier verdient mehr (Meier: 6.150 €, Sommer: 5.862 €)
Apotheker: ca. 4.100 €, Tierpfleger: ca. 2.000 €, Physiotherapeut: ca. 2.250 €, Gebäudereiniger: ca. 1.800 €, Architekt: ca. 3.900 €, Maler: ca. 2.450 €

Lohntabelle (II) — Seite 30

Oberarzt: 7.268 €, Dachdecker: 2.548 €, Wachmann: 1.799 €

Architekt / Architektin — Seite 31

a)

3	3	2	1
2	2		

b)

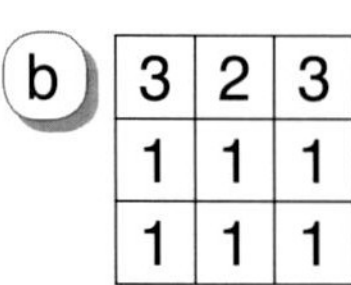

3	2	3
1	1	1
1	1	1

c)

2	2	2
1		1

LKW-Fahrer / LKW-Fahrerin — Seite 32

… in 45 Minuten?	
1 h	80 km
30 min	**40 km**
15 min	**20 km**
45 min	**60 km**

Standort – Berlin: 420 km
Hannover – Magdeburg: 150 km
Braunschweig: 200 km
Kürzeste Etappe: Hannover – Braunschweig (70 km)
Was ist kürzer? Braunschweig – Magdeburg (80 km)

Bankkaufmann / Bankkauffrau (II) — Seite 34

Die Kundin braucht 21 Monate.
5 Kronen = 45 Cent, 30 Kronen = 2,70 €, 100 Kronen = 9 €,
1.000 Kronen = 90 €, 1.600 Kronen = 144 €

Lösungen

Sachrechenheft

Tierärztin/Tierarzt — Seite 37

Katze: 25 Min., Kaninchen: 15 Min., Schildkröte: 28 Min.,
Papagei: 10 Min., Hamster: 30 Min., Hund: 45 Min.
Die Behandlung des Hundes dauert am längsten.
Frau Schreiber arbeitet 3 Stunden und 55 Minuten.

Tischler/Tischlerin — Seite 38

2 1,90 m und 2,20 m.
3 2 × 1,90 m und 2,20 m, 2 x 2,05 m und 1,90 m

Friseurin/Friseur — Seite 39

1 151,50 €
2 4 Kunden (3 × Dauerwelle, 1 × Färben)
3 48,50 €

Gärtner/Gärtnerin — Seite 40

48 Quadratmeter

Bäcker/Bäckerin — Seite 40

Bäcker Pollmann muss 26 Bleche backen.

Lösungen

Sachunterricht

Wer hat was? Seite 41

Verkäuferin – Kleid, Förster – Fernglas, Putzfrau – Kehrblech/Handfeger, Rennfahrer – Pokal, Apothekerin – Tabletten, Postbote – Briefmarke, Lehrerin – Hefte, Musiker – Geige, Pferdewirtin – Kadesche, Bürokaufmann – Schreibtischstuhl

Arbeitsorte Seite 44

Schule: Lehrerin, Hausmeister, Sekretärin

Restaurant: Koch, Pizzabäcker, Kellner

Baustelle: Maurer, Zimmermann, Klempner

Supermarkt: Verkäuferin, Marktleiter

Krankenhaus: Krankenpfleger, Arzt

Flughafen: Pilot, Fluglotse, Flugbegleiterin

Z. B. Ärzte, Feuerwehr, Polizei, Taxifahrer, ... werden an jeden Ort gerufen.

Reinigungskräfte arbeiten an ganz vielen Arbeitsorten.

Arbeitskleidung Seite 45

Feuerwehr: Schutz vor Hitze, Rauch und Verletzungen

Arzt: Hygiene, Schutz vor Krankheitskeimen

Fußball: Erkennungsmerkmal, Schutz vor Beinverletzungen

Koch: Hygiene

Bauarbeiter: Schutz

Polizei: Erkennung

Balletttänzerin: Schönheit und Schuhe für Spitzentanz

Astronaut: Schutz vor Kälte und Ersticken

z. B. Gärtner: Schutz vor Schmutz

Dienstleister Seite 48

Dienstleister sind: Friseur, Postbote, Kellner, Verkäuferin

Trinkgeld gibt man einem Dienstleister, wenn man mit seiner Leistung zufrieden ist. Man gibt es zusätzlich zum normalen Preis.

Lösungen

Viele Ärzte/Viele Ärztinnen — Seite 51

Hausarzt, Kinderarzt, Hautarzt, Zahnarzt, Tierarzt, Augenarzt, Frauenarzt, Sportarzt

Ein **Psychiater** behandelt Krankheiten der Psyche. Die Psyche sind unsere Gedanken und Gefühle. Der Psychiater hilft, wenn jemand immer traurig ist, Ängste hat oder Drogen nimmt.	Ein **Kardiologe** ist ein Arzt, der sich auf Herzkrankheiten spezialisiert hat. Er hat besondere Geräte, mit denen er seine Patienten untersuchen kann.
Ein **Orthopäde** ist ein Arzt, zu dem man geht, wenn man Probleme mit den Knochen und Gelenken hat. Er behandelt Rückenschmerzen und Sportverletzungen.	Ein **Chirurg** ist ein Arzt, der große und kleine Operationen durchführt. Dabei muss er besondere Kleidung tragen und geschickte Hände haben.

Interview mit einem Psychiater/einer Psychiaterin — Seite 52

Frage 1: Kasten unten rechts, Frage 2: Kasten oben links

Frage 3: Kasten unten links, Frage 4: Kasten oben rechts

Gesichter: fröhlich, traurig, ängstlich, wütend, zufrieden

Wissenschaftler/Wissenschaftlerin — Seite 53

Biologe: Kasten 2, Pharmaforscher: Kasten 1, Zukunftsforscher: Kasten 4, Archäologe: Kasten 3

Feuerwehr — Seite 56

Waldbrände, Gefahren, Tieren, Hochwasser, Straßen, Personen, Unfallstelle, Benzin, herauszufinden, Brandsicherheit, Keller

Lösung: EINS EINS ZWEI

Tierpflegerin/Tierpfleger — Seite 57

Lösung: Sie mag Tiere

Filmlabyrinth — Seite 58

Kameramann, Maskenbildner, Moderator, Schauspieler, Nachrichtensprecher, Reporter, Drehbuchschreiber, Beleuchter, Produzent, Regisseur, Visagist, Tontechniker, Filmkritiker, Kulissenbauer

Ein Visagist schminkt die Schauspieler und verwandelt sie in ihre Rollen (z.B. Monster, alter Mann, ...)

Physiotherapeut/Physiotherapeutin — Seite 60

Knochen, bewegen, Unfall, Handgriffe/Übungen, Muskeln, beweglicher

von oben nach unten: Halswirbel, Brustwirbel, Lendenwirbel, Kreuzbein, Steißbein

Lösungen

Englisch

What do they want to be? — Seite 64

Lucy – Baker, Tom – Doctor, Peter – Policeman, Judy – Singer, John – Postman, Sally – Teacher
Jack likes to be a football player.

Musik

Tänzer/Tänzerin — Seite 67

Balletttänzer, Breakdancer, Hip-Hop-Tänzer, Klassische Tänzer (Standardtänzer, Lateinamerikanische Tänzer), …

Kunst

Maler/Malerin — Seite 80

Grün, Grau
Braun, Orange
Braun, Lila